Überall deine Spuren

Eltern erzählen vom Tod ihres Kindes

W0075775

DON BOSCO
VERLAG

Überall deine Spuren

Eltern erzählen vom Tod ihres Kindes

herausgegeben vom
Verwaiste Eltern München e. V.

Christine Fleck-Bohaumilitzky
unter Mitarbeit von
Susanne Lorenz und
Klaus Günter Stahlschmidt

Don Bosco

Die Deutsche Bibliothek – CIP-Einheitsaufnahme

Ein Titeldatensatz für diese Publikation
ist bei Der Deutschen Bibliothek erhältlich.

1. Auflage 2000 / ISBN 3-7698-1283-2
© 2000 Don Bosco Verlag, München
Umschlag: Margret Russer
Lektorat: Verlagsservice Anne Voorhoeve, Selters
Satz: Schröder Media, Dernbach
Produktion: Don Bosco Grafischer Betrieb, Ensdorf

Gedruckt auf umweltfreundlichem Papier.

Inhalt

Dieses Buch ist allen verstorbenen Kindern gewidmet:
jenen, um die jemand trauert und die unvergessen sind,
und jenen, um die niemand trauert, an die niemand mehr denkt.

Vorwort

Nichts wird je wieder sein wie es war, kein Stein bleibt auf dem anderen, wenn ein Mensch stirbt, den wir lieben. Auch nach Trennung und Abschied *vor* dem Tod können wir jene schwer beschreibbare Erschütterung erleben, die wie ein gewaltiges Beben unsere gesamte Existenz trifft. Der innere Aufruhr breitet sich aus von den tiefsten Schichten unserer Seele bis in die letzten Winkel des alltäglichen Lebens. Die Nähe und Verbundenheit eines gemeinsamen Weges wird es nie wieder geben. Da ist nur noch ein Vorher und Nachher, das sich nicht mehr zu einer Einheit zusammenfügen lässt.

Abschied, Trennung und Tod lösen bei dem, der zurückbleibt, fast immer eine seelische Krise aus, eine Grenzreaktion, die ihn verstört, bedroht und aufs Äußerste belastet. Diese Krise nennen wir *Trauer*. Sie ist die begreifliche Antwort eines Menschen auf eine schwere seelische Verletzung, die ihn in seinen Wurzeln trifft. Wie diese Antwort ausfällt – ob leise und verhalten oder heftig und laut – und ob es dem Trauernden gelingt, eine Antwort zu finden, die ihn nicht zerstört, sondern Heilung ermöglicht, hängt von vielen Faktoren ab: der Persönlichkeit des Betroffenen, der Art und den Umständen des Todes, der Beziehung zu dem Verstorbenen. Vor allem aber hängt sie davon ab, wie er das in Angriff nimmt und bewältigt, was der Psychoanalytiker Sigmund Freud in einem genialen Einfall »Trauerarbeit« nannte. Mit ihr ist die Bereitschaft gemeint, sich einzulassen auf einen Prozess, der für den Betroffenen nicht nur den erlösenden Strom frei fließender Tränen bereithält, sondern auch die glühende Lava eruptiver Gefühlsausbrüche, heiße Klagen und Anklagen, quälende Selbstvorwürfe, ohnmächtige Wut und Verzweiflung. Dass auch diese wilden Gefühle zur Trauer gehören und nicht in den seelischen Untergrund abgeschoben werden dürfen, weil sie dort zum Nährboden für alle möglichen Störungen und Krankheiten werden können, ist wenig bekannt. Dabei könnte die Diagnose »verdrängte Trauer« so manchem Arzt weiterhelfen, einen Therapieplan aufzustellen und nicht nur an Symptomen herumzudoktern.

Die Notwendigkeit von Trauerbegleitung in unserer Zeit

Trauer auszuhalten und durchzustehen ist nicht leicht – nicht für den Betroffenen, der in einem langen und schmerzhaften Prozess die Schwerstarbeit der Trauer auf sich nehmen muss, bis er wieder vorsichtig Brücken über den Abgrund bauen kann, und nicht für die Umwelt, die häufig einfach nicht weiß, womit sie es bei der Trauer zu tun hat und die deswegen mit Abwehr, Unverständnis und Hilflosigkeit reagiert. Dank der mutigen Vorarbeit der amerikanischen Psychiaterin Elisabeth Kübler-Ross sind die Tabuthemen Sterben und Tod wenigstens teilweise ins öffentliche Bewusstsein gerückt und haben dort Ansätze zu einem menschlicheren *Umgang mit Sterbenden* gezeigt. Die *Trauer der Hinterbliebenen* ist jedoch weitgehend terra incognita, unbekanntes Land, dessen Erkundung erst langsam vorankommt. Der Anstoß dazu kam, wie so oft in Sachen psychosozialer Forschung, aus England und Amerika, wo es seit den 60er Jahren umfangreiche wissenschaftliche Untersuchungen zum Trauerverhalten gibt. Zahlreiche praktische Beratungs- und Therapieprogramme für Hinterbliebene sind daraus entstanden. Wie notwendig das auch bei uns ist, zeigt ein nüchterner Blick auf die Statistik. In der Bundesrepublik sterben jedes Jahr fast 715.000 Menschen, d. h. alle 40 Sekunden beendet irgendwo ein Mensch sein Leben. Fast 5,5 Millionen Bundesbürger sind verwitwet. Und jedes Jahr wird für mehr als 25.000 Mütter und Väter zur grausamen Gewissheit, was wohl der nie zu Ende geträumte Alptraum aller Eltern ist: ein Kind zu verlieren durch Unfall, Krankheit, Gewaltverbrechen oder Suizid. Dieses Kind hat einen Namen, hatte sein Leben vor sich, hatte Hoffnungen und Träume, einen Platz in der Familie, im Lebensentwurf seiner Eltern. Sein Tod stürzt Mütter, Väter und Geschwister in einen psychischen Abgrund.
Wie lange trauern Eltern um ihr Kind – ein Jahr, fünf Jahre, immer? Wie können sie diesen Verlust überleben, wie dieses geradezu widernatürliche Ereignis ohne Bitterkeit überstehen? Ihr Lebensinhalt ist verloren gegangen, ihre Liebe fällt ins Leere. Ein Stück von ihnen selbst, ihre eigene Zukunft wird zu Grabe getragen. »Bedenkt den eigenen Tod, den stirbt man nur, doch mit dem Tod der anderen muss man leben«, heißt es in einem Gedicht von Mascha Kaleko.

Die Sehnsucht nach dem verlorenen Kind ist grenzenlos. Das Gefüge unzähliger Familien gerät ins Wanken. Oft bietet auch der Partner keinen Halt. Viele Ehen zerbrechen und der Satz, dass »geteiltes Leid halbes Leid« sei, wird durch die Realität in dramatischer Weise infrage gestellt. Die Beziehungen zu den engsten Mitmenschen, zu alten Freunden werden brüchig. Selbst wohlwollende, mitfühlende Menschen sind angesichts des Ausmaßes von Trauer und Verzweiflung, die die Eltern erfasst, oft hilflos und ziehen sich zurück. Ihre Ohnmacht führt zu ungeschickten Handlungen und verletzenden Äußerungen, und trauernde Eltern geraten immer mehr in die Isolation. Sie fühlen sich vom Leben betrogen und von Gott und der Welt verlassen. Den hinterbliebenen Geschwistern und ihrer oft stummen, verzweifelten Trauer können die Eltern nicht gerecht werden. An die Mutter denkt noch mancher beim Verlust eines Kindes, an den Vater schon weniger und an die Geschwister schließlich niemand mehr – an sie, die als die »doppelten Verlierer« nicht nur Bruder oder Schwester, sondern weitgehend – oft auf Jahre hinaus – auch die Eltern verlieren.

Der Tod eines Kindes bedeutet *Familienkrise* in einer kaum zu überblickenden Vielschichtigkeit und Dramatik, und zwar *langfristig*. Der Tod zerreißt das Geflecht von Rollen, Funktionen und Beziehungsstrukturen, verändert tief greifend die Dynamik und das seelische Gleichgewicht einer Familie im Ganzen wie auch der einzelnen Betroffenen, des Vaters, der Mutter, der Geschwister und der Angehörigen.

Nimmt man die vielen anderen Verlustsituationen des Lebens hinzu, z. B. Trennung und Scheidung, so sind wir von einem Heer von Trauernden umgeben, zu dem wir letztlich alle gehören, das wir aber kaum wahrnehmen und von dessen Ausmaß wir uns keine Vorstellung machen. Verlust braucht aber unsere Anteilnahme, unsere Hilfe und Unterstützung – am intensivsten wohl, wenn ein Kind stirbt. Selbst wenn der Tod schon Jahre zurückliegt, verschwinden Schrecken, Betroffenheit und Traurigkeit nie. Sie wandeln sich nur. Man lernt, mit der Trauer zu leben.

In einer Gesellschaft, die sich an Leistung, Stärke, reibungslosem Funktionieren und der Allmachtsfantasie vom unbegrenzten Fortschritt orientiert, hat die Trauer einen schweren Stand. Sie demonstriert allzu augenfällig Schwäche, Ohnmacht und menschliche Begrenztheit. Ebenso wie Sterben und Tod wird auch die Trauer weitgehend in die Unsichtbarkeit verbannt. Trauernde haben längst aufgegeben, das Straßenbild durch ihren Anblick zu stören. Trauerkleidung ist out, da sie den Betroffenen eher stigmatisiert als schützt. Kinder haben kaum noch die Möglichkeit, im Verbund einer großen Familie mitzuerleben, wie man dem Sterben und der Trauer nicht abweisend, sondern mit Zuwendung begegnet. Dass dies nicht immer und überall so war, davon zeugt die Überlieferung alter Trauerrituale, die in manchen Ländern auch heute noch praktiziert werden – paradoxerweise oft in Kulturen, die wir gerne als unterentwickelt abtun. Welch ein Reichtum an Ausdruck und lebendiger Körpersprache steht hier zur Verfügung! Und wie staubig und trocken nehmen sich dagegen unsere eigenen Beerdigungsrituale aus.

»Erziehung zur Trauer« findet nicht statt. Wie sollten also Angehörige, Freunde, Nachbarn, Arbeitskollegen die Fähigkeit haben, Trauernden das zu geben, was sie am dringendsten brauchen: einen Ort und einen Rahmen, an und in dem sie ihr Leid ausleben und ausdrücken können? Denn der Mensch braucht die Trauer. Wenn man sie ihm verweigert, wird er krank, seelisch wie körperlich. Wie kann man diese unverzichtbare Trauer wieder einsetzen in ihre alten Rechte?

Eine Möglichkeit sind *Gruppen*. Es gibt sie schon länger für Menschen mit Partnerverlust und anderen schweren Krisenerfahrungen. Hilfsangebote für Eltern, die ein Kind verloren haben, wurden als bundesweites Netzwerk jedoch erst in den 80er Jahren in Gang gesetzt. Hier können die »Verwaisten Eltern« – so nennen sich die inzwischen fast 300 Gruppen – durchleiden, erforschen, klären und besprechen, was ihnen die Trauer an Problemen aufgibt.

Denn es gibt Probleme: Trauer kann zeitweise schwere Abweichungen vom bisherigen Lebensverhalten mit sich bringen. Trauer selbst – das muss immer wieder betont werden – ist keine Krankheit, doch kann sie sehr wohl krank machen, nicht zuletzt durch das hilflose Verhalten (und die vorenthaltene Hilfe) einer Gesellschaft, in der Trauer nicht zugelassen, nicht gelebt werden darf. Alexander Mitscherlich äußerte einmal, dass Selbsthilfegruppen in unserer Zeit »eine Art modernes Ritual« seien, eine neue »soziale Lösung der Gesellschaft«. Sie erfüllten heute als Ersatz für althergebrachte, verloren gegangene Bezüge und Rituale wichtige soziale, therapeutische, ja auch religiöse Aufgaben.

»Verwaiste Eltern« – was ist das eigentlich?

Das Stichwort für die Bewegung »Verwaiste Eltern« gab das Buch von Harriet Schiff, »The Bereaved Parent«, das – 1978 erschienen – im Deutschen mit »Verwaiste Eltern« übersetzt wurde und inzwischen Geschichte gemacht hat. Damals stand die Begleitung von Trauernden – anders als die Sterbebegleitung – noch in den Anfängen. Doch angesichts der viel berufenen »Unfähigkeit zu trauern« ist die überwältigende, rasch ansteigende Nachfrage nach Selbsthilfegruppen verständlich. Damit wurde aber auch eine »konzertierte Aktion« notwendig, eine Zusammenarbeit professioneller Dienste (Ärzte, Psychologen, Therapeuten, Seelsorger, Sozialarbeiter, Helfer aus dem psychosozialen und gemeindediakonischen Bereich) und ehrenamtlicher Helfer sowie Selbsthilfe-Initiativen. Der große Theoretiker und Praktiker der Selbsthilfe in Deutschland, Prof. Dr. Dr. Alf Trojan, Vorsitzender des Ausschusses der Hamburger Ärztekammer für die Zusammenarbeit mit Selbsthilfegruppen und ähnlichen Organisationen, sagt dazu in einem Referat:

Sie sehen allein aus der Existenz dieses Ausschusses, welche Bedeutung von Seiten der Ärzteschaft den Selbsthilfegruppen beigemessen wird als einer äußerst wichtigen Ergänzung der professionellen Hilfe in unserem Gesundheitssystem. Dies gilt in besonderem Maß für die »Verwaisten Eltern«. Wie viele andere Selbsthilfegruppen auch, leistet diese Organisation in Ergänzung zur medizinischen Versorgung eine wichtige psychosoziale Arbeit, deren Bedeutung für die Betroffenen gar nicht hoch genug eingeschätzt werden kann. Von medizinischer Seite nämlich können die Gefühle und Lebensumstellungen, die mit dem Verlust eines Kindes verbunden sind, durch vielerlei einengende, strukturelle Bedingungen des ärztlichen Arbeitsalltags niemals in angemessener Weise bearbeitet werden. Ergänzend ist noch etwas ganz Wichtiges hinzuzufügen, was vielfach übersehen wird. Selbsthilfe heißt zwar »Selbsthilfe«, weil sich dort Menschen selber (genauer gegenseitig) helfen, jedoch ist diese Selbsthilfe nicht voraussetzungslos. Das heißt: Selbsthilfe kann hier nicht bedeuten, dass alles »von selbst« geht und vor allem nicht: nichts kostet. Das sollte sich langsam herumgesprochen haben: Um die Mitglieder von Selbsthilfegruppen zusammenzubringen, um Krisensituationen aufzufangen, um organisatorische Hilfestellung und Entscheidungshilfe zu geben (etwa wann für den Einzelnen therapeutische Hilfe zusätzlich nötig wird), bedarf es der Unterstützung durch und der Zusammenarbeit mit professionellen Helfern.

Mit der zu Beginn der 80er Jahre initiierten Bewegung wurde trauernden Eltern ein Gesprächsforum, Begleitung und Beratung, vereinzelt auch therapeutische Hilfe angeboten. Bis dahin gab es weder staatliche noch kirchliche Initiativen oder konkrete Hilfsmaßnahmen, die sich dieser Aufgabe gestellt hatten, zumindest keine langfristig unterstützenden Angebote. 1990 erfolgte die Gründung des Vereins *Verwaiste Eltern München e.V.* und *Verwaiste Eltern Hamburg e.V.*, 1997 wurde das *»Institut für Trauerarbeit« (ITA)* gegründet . Ebenfalls 1997 erfolgte in Berlin die Gründung des Vereins *Verwaiste Eltern in Deutschland e. V.* Inzwischen hat sich die *Bundesstelle »Verwaiste Eltern in Deutschland«* bundesweit und im angrenzenden Ausland zu einer festen Anlaufstelle für trauernde Eltern und Geschwister sowie ihre Angehörigen und Freunde entwickelt. Den Betroffenen werden Faltblätter, erste Handreichungen, Broschüren und Literatur zur Verfügung gestellt. Adressen von Gruppen in verschiedenen Regionen, von anderen Eltern in vergleichbarer Situation sowie Brief- und Telefonkontakte können vermittelt werden. Trauerseminare werden aufgelistet und bekannt gegeben, Ausbildungsangebote für helfende Berufe zusammengestellt und ausgeschrieben.

Die Entstehungsgeschichte der Gruppen und das außerordentlich breite Spektrum an Werken, Verbänden, Institutionen und Organisationen, in die sie bisher eingebunden sind, ist vielfältig. Sie kooperieren mit Beratungsstellen, Initiativen und Einzelpersonen aus helfenden Berufen. Dabei wird gerade die Unterschiedlichkeit der Gruppen als große Chance gesehen, um in unserer heutigen multikulturellen, interreligiösen Gesellschaft möglichst viele Menschen in verschiedensten Lebenszusammenhängen anzusprechen und zu erreichen.

So ist Trauerbegleitung sowohl als präventive gesundheitliche Maßnahme als auch unter dem Aspekt der Diakonie, der Nachsorge und Seelsorge heute längst unverzichtbar geworden. Darüber hinaus sind in den Gruppen »Verwaister Eltern« aber auch wichtige und bewegende persönliche Erfahrungen gemacht worden. Davon erzählt dieses Buch.

Mechtild Voss-Eiser

Ein Blick zurück:
Chronik des Vereins »Verwaiste Eltern München e. V.«

1981

Michael, der kleine Sohn von Tina Quack, stirbt in Gießen an Leukämie. Seine Mutter macht dort sehr gute Erfahrungen in einer Selbsthilfegruppe, die von einer Ärztin geleitet wird. Als sie nach München zieht, bemüht sie sich, dort eine ähnliche Gruppe zu gründen. Zusammen mit Elke Leonhardt und Karin Berlin, die ihre Söhne Wolfgang und Christian durch Krebs verloren haben, findet sie nach vielen Schwierigkeiten und langer Suche im Gemeindezentrum der evangelischen Dreieinigkeitskirche in Bogenhausen Räume und die Begleitung der Gruppe durch Pfarrer Wolfgang Drechsel.

1985

Im Herbst wird die Gruppe erstmals öffentlich bei einer Veranstaltung des Evangelischen Forums vorgestellt und in das Münchner Selbsthilfeprogramm aufgenommen. Doch schon ein Jahr später kann Pfarrer Drechsel sie wegen Arbeitsüberlastung nicht mehr begleiten. Wieder sind es dieselben drei Mütter, die erneut Unterstützung suchen.

1986

Dr. Christan Schmierer und Hanny Höfelein vom Caritasverband der Erzdiözese München und Freising erkennen die Notwendigkeit von Hilfe für verwaiste Eltern und bewilligen konkrete Maßnahmen zur Unterstützung der Gruppe. Ab Herbst 1986 stellt die Caritas Räume zur Mitbenutzung zur Verfügung. Caritas-Mitarbeiter Dr. Eberhard Weidler wird mit der Begleitung der Selbsthilfegruppe an zehn Stunden pro Woche beauftragt.

1988

Tina Quack, die inzwischen durch die Teilnahme an mehrtägigen Seminaren die wertvolle Hilfe solcher Treffen erfahren hat, initiiert Wochenenden für Betroffene in Seewies (später auch Altomünster und

St. Ottilien). Bis 1990 finden diese Seminare drei Mal jährlich mit
Dr. Eberhard Weidler und Hannelore Dusch-Seifert statt, danach unter
Leitung von Christl Ziegler mit wechselnden Referenten (darunter
P. Michael Först OFM und Manfred Gass als therapeutischer Begleiter).
Daneben gibt es bald eine Reihe weiterer Aktivitäten. Elke Leonhardt
organisiert und leitet seither zwei Mal jährlich eine Wanderung mit
den verwaisten Eltern. Pfarrer Klaus Günter Stahlschmidt feiert – auch
heute noch – jeweils zu Ostern und zu Weihnachten einen Gottesdienst mit trauernden Eltern und Geschwistern in der Pfarrei Leiden
Christi. Es finden Tagesseminare unter der Leitung von Pfarrer Martin
Thurner statt. Karin Berlin, die kranke Kinder im Schwabinger Krankenhaus betreut, stützt viele Betroffene durch Briefkontakt – unter an-
derem schreibt sie Eltern an, deren Schicksal durch Todesanzeigen bekannt wird, und betreut sie auch weiterhin.

1989
Immer mehr Eltern sind zu betreuen. Die Gründungsmitglieder leisten
viele ehrenamtliche Arbeitsstunden, unterstützt von weiteren Betroffenen, die inzwischen in diese Arbeit hineingewachsen sind. Auf Initiative von Tina Quack werden aus dem Kreis der betroffenen Mütter ab
Sommer 1989 die Psychologin Hannelore Dusch-Seifert, deren Tochter
Sybilla starb, und die Sekretärin Margit Maurus, die ihren Sohn Manu-
el verloren hat, für zehn Wochenstunden angestellt.
Neben vielen Einzelgesprächen, Briefkontakten und Hausbesuchen, die
zum großen Teil auch von den ehrenamtlichen Helfern geleistet werden, findet bis heute zwei Mal im Monat ein offenes Treffen der verwaisten Eltern statt, die sich in der Selbsthilfegruppe gegenseitig stützen. Bis Herbst 1990 gibt es eine geschlossene Gruppe, in der jeweils
ein fester Kreis Betroffener zusammenkommt, um gemeinsam Kraft zum
Weiterleben zu schöpfen. Von 1989 bis 1990 trifft sich ca. vier Mal jährlich ein Kreis Jugendlicher, die Geschwister verloren haben. Im Rahmen
dieser von Hannelore Dusch-Seifert begleiteten Gruppe entsteht über
das Institut »Lichtblicke« mit Yola Grimm auch der Film »Schattenrisse«, in dem die Jugendlichen über ihre Erfahrungen berichten.
Auch auf Kirchentagen sind die »Verwaisten Eltern« einige Male ver-
treten.

Während sich die Öffentlichkeitsarbeit bis 1989 auf einzelne Aktionen – meist Gespräche mit Journalisten für Zeitschriftenartikel – beschränkt, steigt die Arbeit in diesem Bereich seit dem 13. Oktober 1989 stark an. An diesem Tag findet das »Forum« – ein öffentlicher Seminartag – in der Katholischen Akademie in Bayern mit 300 Teilnehmern statt, der die Selbsthilfegruppe verwaister Eltern in der Öffentlichkeit weiter bekannt macht.

Wieder ist es der Diözesan-Caritasverband, der die Finanzierung dieser wichtigen Veranstaltung übernimmt und sich auch an den organisatorischen Vorbereitungen beteiligt. Fachleute in der Begleitung verwaister Eltern engagieren sich ehrenamtlich bei der Vorbereitung und Durchführung, so z. B. Ursula Goldmann-Posch (bekannt als Autorin von »Wenn Mütter trauern«) oder Dr. Marielene Leist, die bei diesem Forum einen Vortrag hält.

Immer mehr Wünsche betroffener Eltern, Begleiter, Institutionen und professioneller Helfer – aus Kliniken, Pfarreien, Weiterbildungsinstituten und den Medien – erreichen die Selbsthilfegruppe. Hannelore Dusch-Seifert und Dr. Eberhard Weidler stellen gegenüber der Caritas und den ehrenamtlichen Mitarbeitern fest, dass sie diese wachsende Arbeit nicht mehr im Rahmen ihrer zehn Wochenstunden bewältigen, aufgrund ihrer anderen Tätigkeiten an den Caritas-Beratungsstellen aber auch nicht noch mehr Stunden für die verwaisten Eltern übernehmen können. Der Caritas-Verband bewilligt eine weitere hauptamtliche Mitarbeiterin. 1989 wird Christl Ziegler (damals noch Christl Rohm) angestellt. Sie kennt die Gruppe und deren Arbeit schon seit dem Tod ihrer Tochter Victoria. Christl Ziegler hat an der Universität München Pädagogik, Psychologie und Katholische Theologie studiert, darüber hinaus mehrere Ausbildungen in verschiedenen Therapieformen absolviert und durch die Zusammenarbeit mit Dr. Elisabeth Kübler-Ross (seit 1986) und anderen einschlägigen Fachleuten Erfahrungen gesammelt, die sie sowohl in die Arbeit mit den betroffenen Eltern als auch in Öffentlichkeitsarbeit und Fortbildung einbringen kann.

Personelle Absicherung – unbedingt erforderlich, damit die Arbeit auch nach einem möglichen Ausscheiden von »Gründungsmüttern« oder anderen Mitarbeiter(inn)en weitergeführt werden kann – ist jedoch nur ein Teil dessen, was die Selbsthilfegruppe braucht. Denn die wachsenden Aufgaben erfordern auch immer mehr finanzielle Mittel. Daher wird es notwendig, dieser Selbsthilfegruppe eine solide und vor allem dauerhafte materielle Basis zu sichern.

Der Verein

1990

Nach langen Überlegungen wird im Sommer 1990 der Verein »Verwaiste Eltern München e. V.« gegründet. Da Hannelore Dusch-Seifert und Dr. Eberhard Weidler aus zeitlichen Gründen nicht auch noch Vereinsgründung und Organisation übernehmen können, führen Elke Leonhardt und Tina Quack Gespräche mit Mitarbeitern der Stadt München. Ein Zuschuss von 10.000,– DM wird in Aussicht gestellt, falls die Vereinsgründung innerhalb der für die Bewilligung vorgegebenen Frist abläuft.

Daraufhin wird diese Aufgabe engagiert angegangen. Helmut Mock, der seinen Sohn Benjamin verloren hat, erklärt sich bereit, die Finanzen des Vereins zu verwalten. Er formuliert – zusammen mit Ursula Goldmann-Posch, Tina Quack und Elke Leonhardt – mit großem Arbeits- und Zeitaufwand § 2 der Vereinssatzung, der Inhalt und Aufgaben des Vereins festlegt. Im Austausch mit der Selbsthilfegruppe Hamburg, die ebenfalls eine Vereinsgründung anstrebt, ergeben sich weitere Punkte für die Satzung.

Tina Quack und Elke Leonhardt besprechen mit den Behörden, mit Dr. Schmierer und einem Notar die organisatorischen Dinge. Da seitens der Caritas ein Umzug der Gruppe – mit oder ohne Vereinsgründung – in die Schrenkstraße aus Platzgründen unumgänglich ist, gibt es auch hier sehr viel zu tun. Die neuen Räume befinden sich in einem Haus, in dem sich auch noch andere Selbsthilfegruppen treffen. Erstmals gibt es Platz für ein eigenes Büro, außerdem stehen größere Gruppenräume für Treffen und Veranstaltungen zur Verfügung. In vielen ehrenamtlichen Arbeitsstunden des späteren Vereinsvorstands werden nicht nur die formalen Dinge vorbereitet und erledigt, sondern auch die praktischen wie z. B. Raumplanung und die Bestellung von Möbeln.

Auf der Gründungsversammlung im Juni 1990 werden in den Vorstand gewählt: 1. Vorsitzende: Tina Quack, 2. Vorsitzende: Elke Leonhardt, Kassenwart: Helmut Mock, dazu Barbara Maletz und Karl Paul, deren Söhne Daniel und Wolfgang gestorben sind. Hanny Höfelein vom Sozialreferat der Caritas und Pfarrer Klaus Günter Stahlschmidt übernehmen das Amt der Beisitzer.

Von vielen Eltern und Freunden der Selbsthilfegruppe wird die Vereinsgründung sehr begrüßt. Im Weihnachtsbrief 1990 wird über sie berichtet, und bereits zum Zeitpunkt der ersten Mitgliederversammlung Anfang März 1991 hat der Verein über 100 Mitglieder.

Wie bei vielen neuen Vorhaben gibt es aber auch Gegenstimmen wie: »Eine Selbsthilfegruppe darf kein Verein, sondern muss nach außen lose sein. Eine Vereinssatzung bedeutet Einschränkung für die hauptamtlichen Mitarbeiter«, usw. Letztlich ist es hier – wie überall – aber doch wohl so, dass es einzig und allein von den Beteiligten abhängt, was sie aus einem formalen Rahmen machen und wie sie ihn mit Leben füllen.

Für die Betroffenen, die sich an die »Verwaisten Eltern München« wenden, hat sich durch die Vereinsgründung nichts geändert: Jeder, der kommt, erhält Unterstützung in der gleichen Weise – dafür steht jetzt aber noch mehr Zeit durch mehr hauptamtliche Arbeitsstunden zur Verfügung. Für freie Referenten, die zu den verschiedenen Veranstaltungen eingeladen werden, gibt es nun ein größeres und fest kalkulierbares Honorarbudget.

Ein Vorteil der Vereinsform liegt in der organisatorischen Selbstständigkeit und Unabhängigkeit. Der Caritasverband gewährt zwar auch weiterhin eine erhebliche Unterstützung, lässt aber den Verein im Rahmen seiner Satzung völlig selbstständig arbeiten. Außerdem wird es möglich, weitere Fördermittel zu erhalten, so z. B. von der Stadt München, die ihre finanzielle Förderung ab 1991 noch wesentlich aufstockt. Um die Angebote des Vereins wahrzunehmen oder den Brief regelmäßig zu beziehen, war und ist es jedoch nicht notwendig, Mitglied zu werden. Der Verein freut sich über jede finanzielle Zuwendung, sei es eine Spende oder ein Mitgliedsbeitrag.

1991

Personell haben inzwischen weitere Veränderungen stattgefunden: Dr. Eberhard Weidler beendet zum 1. April 1991 seine Arbeit bei den »Verwaisten Eltern«. Zum 1. Juli 1991 endet auch die Mitarbeit von Hannelore Dusch-Seifert. Die verschiedenen Aufgaben werden, wie bereits seit Sommer 1990, von Christl Ziegler weitergeführt, der weitere freie Mitarbeiter zur Verfügung stehen. Margit Maurus, der »gute Engel« in der Geschäftsstelle, die sich sowohl ums Sekretariat als auch um betroffene Eltern kümmert, arbeitet seit 1991 halbtags für den Verein.

In Obermenzing gründet sich um Pfarrer Klaus Günter Stahlschmidt eine Gruppe suizidbetroffener Eltern.

1992

1992 werden weitere neue Gruppen gegründet, z. B. die »Frühtod-Gruppe« (für Eltern, die ihr Kind vor, während oder kurz nach der Geburt bzw. im Säuglingsalter verloren). Es gibt ein ganz besonderes Seminar mit dem Psychologen Dr. Max Schuepbach aus den USA, dessen besonderer Arbeitsschwerpunkt auf dem Gebiet der Trauerbewältigung liegt. Da der Caritasverband das nicht unerhebliche Honorar für Dr. Schuepbach übernimmt, kann dieses Seminar zu einem Preis stattfinden, der allen Interessenten eine Teilnahme ermöglicht.

Ausgelöst durch den Rücktritt der 1. Vorsitzenden Tina Quack wird der Vorstand von sieben auf vier Personen verkleinert. Christl Ziegler übernimmt in Personalunion als Geschäftsführerin das Amt der 1. Vorsitzenden. 2. Vorsitzende bleibt Elke Leonhardt; außerdem gehört Hanny Höfelein weiterhin dem Vorstand an, und Helmut Mock bleibt Kassenwart.

1993

Die schwere Erkrankung von Margit Maurus erschwert die Arbeit und bringt erhebliche Mehrarbeit für Christl Ziegler und die Ehrenamtlichen.

Die Gruppen und Seminare werden sehr gut besucht.

1993 bis 1998 veranstalten wir unter Federführung des Ehepaares Kropf eine Tombola auf dem Aichacher Christkindl-Markt. Dieses ehrenamtliche Engagement bringt dem Verein weitere Einnahmen und eine erfreuliche Darstellung in der Öffentlichkeit. Seit diesem Jahr beteiligen sich die »Verwaisten Eltern« regelmäßig mit einem Stand am Selbsthilfetag auf dem Münchner Marienplatz.

1994

Das Jahr ist geprägt von Schwangerschaft und Krankheit Christl Zieglers, die trotzdem versucht, alle Arbeit von zu Hause aus zu erledigen. Im Oktober 1994 wird ihre Tochter Isabella geboren.

Im Mai gibt es einen Wechsel im Büro: Margit Maurus gibt aus Krankheitsgründen ihren Arbeitsplatz auf, Lisa Schreyer wird ihre Nachfolgerin. Im Juli findet die erste Reise für verwaiste Eltern nach Rom statt, begleitet von Christl Ziegler und Rita Knüsel.

Erich Kropf übernimmt das Amt des Kassenwarts, unterstützt durch die Revisions-Abteilung der Caritas.

Der Verein »Verwaiste Eltern München e. V.« wird in die Regelförderung der Landeshauptstadt aufgenommen – eine wertvolle Absicherung der Arbeit. Außerdem wird der Verein in die Bußgeldliste der Gerichte aufgenommen.

1995

Am 24. März 1995 veranstaltet der Verein ein Forum mit dem Thema »Tod zur Unzeit« in Unterhaching mit ca. 200 Teilnehmern und mehreren Referenten. Es wird ein großer Erfolg, auch ein persönlicher Erfolg für Christl Ziegler. Auf der Heimfahrt von dieser Veranstaltung verunglückt sie tödlich. Sie hinterlässt eine verwaiste Familie, einen verwaisten Verein und »verwaiste Eltern«. Elke Leonhardt schreibt später dazu:

Unsere Arbeit des Jahres 1994 war geprägt von Schwangerschaft (mit Freude, Hoffen und Bangen), dem Krankenstand, der Niederkunft (ein gesundes Töchterchen wurde geboren) und der Mutterschutz-Zeit unserer Geschäftsführerin Christl Ziegler (Pädagogin, Psychologin, Therapeutin), die während der ganzen schwierigen Zeit ihre umfangreiche Arbeit weiterhin fortführte, größtenteils von daheim aus. Und dann geschah das Unfassbare: Nach unserer großen Veranstaltung »Das Forum – ein Tod zur Unzeit« (ca. 200 Teilnehmer) am 24. März 1995, auf dem Heimweg nach Aichach, ereilte sie selbst der Tod zur Unzeit. Sie verunglückte auf der Autobahn tödlich. Sie hinterlässt – in tiefer Trauer und nun auch verwaist – ihre Familie, den Säugling, den Mann, den erwachsenen Sohn, die große Schar verwaister Eltern, denen sie stets nur Gutes tat, ihren Arbeitsplatz, der für viele Menschen so wichtig war, auf dem sie auch kaum zu ersetzen sein wird, und alle jene, die eng mit ihr zusammengearbeitet haben.

Die Vorstandsmitglieder Elke Leonhardt, Hanny Höfelein und Erich Kropf sowie Lisa Schreyer stehen vor der schier unlösbaren Aufgabe, die entstandene Lücke zu schließen und die Arbeit wie geplant fortzusetzen. Mit Hilfe der Caritas werden Wege gefunden und Weichen gestellt. Die inhaltliche Arbeit übernimmt die Psychologin Ulrike Burkhart, die schon vorher gelegentlich im Verein mitgearbeitet hat. Ab Juni wird der Theologe und Sozialpädagoge Manfred Muhl, ein Caritasmitarbeiter, vollzeitlicher Geschäftsführer.

Die zweite Reise für verwaiste Eltern wird durchgeführt, diesmal geht es an die Nordsee. Karin Berlin und Rita Knüsel sind die Begleiterinnen.

Im Herbst findet auf der Mitgliederversammlung die Nachwahl der 1. Vorsitzenden statt. Ursula Goldmann-Posch kann für dieses Amt gewonnen werden.

1996

Im März stirbt unsere ehemalige Mitarbeiterin Margit Maurus. Ulrike Burkhart beendet aus persönlichen Gründen die Arbeit im Verein. Seit Juni ist die Theologin und Pädagogin Mag. Christine Fleck-Bohaumilitzky als Theologische Mitarbeiterin für die inhaltliche Seite der Arbeit zuständig.

Die dritte Reise für verwaiste Eltern führt nach Korsika.

Bei der Mitgliederversammlung im Dezember wird der Vorstand wieder auf sieben Personen erweitert. Ihm gehören an: 1. Vorsitzende: Ursula Goldmann-Posch, 2. Vorsitzende: Margret Schulke, Kassenwart: Erich Kropf, Beisitzer: Elke Leonhardt, Annemarie Bläser, Dorothea Böhmer, Susanne Sielaff. Es bedarf großer Anstrengungen aller Mitarbeiter/innen, Vorstandsmitglieder und vieler Ehrenamtlicher, die Belange des Vereins in diesem Jahr neu zu ordnen, um so den Anliegen der verwaisten Eltern weiterhin gerecht zu werden.

In den Jahren 1996/97 erfolgen mit der Unterstützung von Manfred Muhl und Mag. Christine Fleck-Bohaumilitzky diverse Gruppengründungen im Großraum München.

1997

Die vierte Reise für verwaiste Eltern führt zur Mecklenburgischen Seenplatte. Begleitet werden die Trauernden diesmal von Elfi von Fabris und Rita Knüsel.
In diesem Jahr wird eine Gruppe für trauernde Geschwister gegründet und findet regen Zuspruch. Eine Teilnehmerin kommt sogar regelmäßig von Oberösterreich zu den Gruppentreffen, da es im gesamten deutschsprachigen Raum kaum Gruppen für trauernde Geschwister gibt. Fortbildungsseminare für ehrenamtliche Gruppenbegleiter/innen und Seminare für trauernde Eltern werden zusammen mit Manfred Muhl, Mag. Christine Fleck-Bohaumilitzky und Referent(inn)en geplant und durchgeführt. Für haupt- und ehrenamtliche Mitarbeiter gibt es ein Supervisionsangebot. Ehrenamtliche leisten viele Arbeitsstunden im Bereich der Gruppenbegleitung und wo immer sie im Verein gebraucht werden. Im September wird der Verein »Verwaiste Eltern in Deutschland e. V.« gegründet, der die Kontakt- und Informationsstelle in Hamburg ablöst und die Anliegen der verwaisten Eltern bundesweit vertritt.

1998

Nach Bozen geht die fünfte Reise für verwaiste Eltern, unter der bewährten Begleitung von Elfi von Fabris und Rita Knüsel. Dort treffen sich auch die trauernden Eltern aus Deutschland und Südtirol.
Auf Initiative von Manfred Muhl entsteht der Plan eines Umzugs der Geschäftsstelle von der Schrenkstraße nach Haidhausen zum St.-Wolfgangs-Platz 9. Die praktische Durchführung des Umzugs im August einschließlich der Renovierungsarbeiten verdanken wir seinem Engagement. Im Herbst werden die neuen Räume mit einer Feier eingeweiht, die musikalisch von trauernden Eltern und Geschwistern (Annick Neumeister, Rainer Scholze, Anna Katharina Fleck) mitgestaltet wird. Trotz der vielen Arbeit durch Umzug und Einweihungsfeierlichkeiten finden die Seminare und Gruppenabende für trauernde

Eltern und Geschwister regelmäßig statt. Ohne die Hilfe der ehrenamtlichen Mitarbeiter/innen wäre dies alles nicht möglich gewesen.

1999

Im März wird ein neuer Vorstand gewählt; ihm gehören folgende Mitglieder an: 1. Vorsitzender: Klaus Günter Stahlschmidt, 2. Vorsitzende: Susanne Sielaff, Kassenwart: Dorothea Böhmer, Beisitzer: Elke Leonhardt, Hanny Höfelein, Elfi von Fabris, Irmgard Götz.
Eine Sommerreise kann erstmals nicht stattfinden.
Zum 1. Oktober geht der Geschäftsführer Manfred Muhl in den Vorruhestand. Lisa Schreyer und Mag. Christine Fleck-Bohaumilitzky führen die Arbeit bis zum Jahresende allein weiter. Die Leitung der Geschäftsstelle wird für das Jahr 2000 neu ausgeschrieben. Der Vorstand führt viele Vorstellungsgespräche.

2000

In den ersten acht Wochen des neuen Jahres ist Karin Weber Leiterin der Geschäftsstelle. Am 15. März tritt Sozialpädagogin Susanne Lorenz ihre Stelle als Geschäftsstellenleiterin an. In den letzten zehn Jahren hat der Umfang der Arbeit erheblich zugenommen; sie wird nun von drei Mitarbeiterinnen mit jeweils einer halben Stelle bewältigt.
Anlässlich ihres fünften Todestages wird die Magisterarbeit von Christl Ziegler, »Sonnenfinsternis – Trauer um den Tod eines Kindes« veröffentlicht. Dieses Buch stößt auf großes Interesse, sowohl bei trauernden Eltern als auch bei Fachleuten. Es wurde bisher über 300 Mal verkauft.
Die diesjährige Reise führt die verwaisten Eltern in ein Kloster am Bodensee. Begleitet werden sie wieder von Rita Knüsel und Elfi von Fabris.
Aus Anlass des 10-jährigen Bestehens des Vereins im Juni wird im November ein Festakt stattfinden.
Diese Chronik erhebt keinen Anspruch auf Vollständigkeit.

Elke Leonhardt
im Juli 2000

Mein Kind hat keiner gekannt
Tod am Beginn des Lebens

Jedes Jahr kommen in der Bundesrepublik mehrere tausend Kinder tot zur Welt. Mehr als 6000 Babys sterben im ersten Lebensjahr, entweder noch vor, während oder kurz nach der Geburt oder durch Plötzlichen Säuglingstod (SID). Von vielen wird der Tod dieser Kinder nicht ernst genug genommen, manchmal auch bagatellisiert. Dennoch ist der Verlust im Erleben der betroffenen Eltern und Geschwister nicht »anders schlimm« als der Tod eines älteren Kindes.

Diese Eltern haben keine Erinnerung an ihr Kind, höchstens eine Haarlocke, einen Fuß- oder Handabdruck, vielleicht ein Foto. Oft hat niemand ihr Baby gesehen, für viele Menschen hat es nie existiert. Diese Eltern hatten erst gar keine Gelegenheit, mit ihrem Kind zu leben. Hoffnungen, Wünsche und Fantasien, die sie auf ein Leben mit diesem Kind gerichtet hatten, verlieren sich im Nichts.

Für Eltern, denen dieses Schicksal widerfahren ist, ist es sehr wichtig, über ihre Gefühle und Ängste reden zu können. In einer Selbsthilfegruppe können sie gemeinsam mit anderen Eltern überlegen, wie sich das Leben durch diesen Schicksalsschlag verändert hat, welche Möglichkeiten es gibt, diesen Tod in ihr Leben zu integrieren und was sie dazu beitragen können, in ihrer Trauer auch von den Mitmenschen ernst genommen zu werden.

Ein wichtiger Schritt dazu wurde von öffentlicher Seite bereits getan: In Bayern besteht inzwischen eine Bestattungspflicht für Babys ab 500 g Geburtsgewicht, es können aber auch Fehlgeburten unter 500 g beerdigt werden. Tot geborene Kinder können, wenn die Eltern dies wünschen, mit ihrem Namen in das Geburtenbuch und in das Stammbuch eingetragen werden, sodass es über ihre Existenz wenigstens eine Urkunde gibt.

Vieles bleibt noch zu tun, um das Verständnis für die Trauer dieser Eltern zu wecken und zu vergrößern. In den nachfolgenden Texten schreiben Mütter, die ihre Babys in der Schwangerschaft, bei oder kurz nach der Geburt verloren haben. Sie beschreiben, wie sie dies erlebt haben, was für sie hilfreich gewesen wäre und was ihnen in ihrer Trauer geholfen hat.

Nicola

»Die Beziehung, die den Sinn unseres Daseins am feinsten und umfassendsten bestimmt, ist jene von Leben und Tod, denn die Begrenzung unserer Existenz durch den Tod ist entscheidend für das Verständnis und die Wertschätzung des Lebens.« (Antonio Tabucchi in: Erklärt Pereira)

Auch in diesem Jahr ist es wieder Sommer, und wenn die Tage so heiß und klar, so strahlend und üppig sind, dann fühle ich mich fast wieder wie damals, 1997 ... In diesem herrlichen Sommer hatte ich das Gefühl, auf dem Höhepunkt meines Lebens angelangt zu sein: Ich war verheiratet mit dem Mann, den ich liebte, hatte einen niedlichen kleinen Sohn von zwei Jahren, war berufstätig und glücklich mit meiner Arbeit, hatte meine Facharztprüfung gerade bestanden und ... ich war schwanger. Das Leben war leicht und locker, alles schien erreichbar zu sein. Es war wie in einem kitschigen Film und ich war mittendrin.

Und dann kam der 12. September. Dieser Tag begann mit der Geburt und dem Tod unserer kleinen Tochter Nicola und beendete mit einem klaren Schnitt unser bis dahin so sorglos gelebtes Leben. Unser Baby starb trotz eines Notkaiserschnitts und sofort eingeleiteter Reanimationsmaßnahmen unmittelbar nach der Geburt, weil unter den Geburtswehen die Gebärmutter gerissen und die Durchblutung der Plazenta augenblicklich unterbrochen worden war.

Diese ersten Stunden nach ihrem Tode sind wie eingraviert. Ich weiß noch, dass ich noch vor der Narkose auf dem OP-Tisch sagte, es sei zu spät, das Kind sei bereits tot. Habe ich ihr Sterben gefühlt? Mein Mann, der noch nie zuvor einen toten Menschen gesehen hatte, war die ganze Nacht bei unserer kleinen Tochter, die perfekt zum Leben geboren dalag und dennoch livide, kalt und tot war. Auch ich habe mich in dieser Nacht von Nicola verabschiedet und konnte doch das, was geschehen war, überhaupt nicht begreifen. Da war mein Kind, und es war auf immer unerreichbar für mich. Ich habe mir damals für unser Kennenlernen und Verabschieden viel zu wenig Zeit genommen. In meiner damaligen Verfassung war mir gar nicht klar, dass dies die einzige Gelegenheit für uns sein würde. Ich wollte das, was geschehen war, nicht wahrhaben, wollte einfach 'raus aus diesem schlechten Film.

Andererseits hat mein Verstand in diesen ersten Tagen, die ich völlig abgeschottet in der Klinik verbrachte, so gut funktioniert wie schon lange nicht mehr. Mein Mann und ich, die zuvor aufgrund der beruflichen und familiären Verpflichtungen kaum mehr Zeit für Gespräche gefunden hatten, rückten in unserer Verzweiflung nahe zusammen. Wir analysierten unser bis dato gelebtes Leben, unsere Einstellung zu den vermeintlich wichtigen Dingen, stellten vieles, das zuvor selbstverständlich gewesen war, infrage. Ich erinnere mich an Schmerz, Tränen, Wut, aber auch an Dankbarkeit für das Verbliebene, an kleine Glücksmomente in diesem Meer der Verzweiflung, und habe damals bereits in mir gefühlt, dass dies eine sehr kostbare, intensive Zeit mit klaren, deutlichen und unverfälschten Gefühlen war. Die Trauer um unser verlorenes Kind, dessen Geburt wir mit Freude, aber auch mit Selbstverständlichkeit erwartet hatten, und die Realität der Unumkehrbarkeit des Todes, ja auch die unmittelbare Todeserfahrung selbst änderte viel in unserem Erleben der Welt.

Ich, die ich eigentlich immer tendenziell hektisch und dynamisch gewesen war, wurde unglaublich langsam. Jeder Tag kostete mich ungeheure Kraft. Ich benötigte viel Zeit für mich, die ich in Gedanken versunken, einfach völlig apathisch verbrachte. Den meisten Menschen gegenüber war ich unausstehlich. Ich konnte keine vierköpfige Familie ertragen, Kinderwagen waren mir verhasst. Freunde, die noch keine Kinder hatten, waren in meinen Augen sowieso nicht in der Lage, meinen Schmerz nachzuvollziehen. Freunde, die sorglos glücklich mit ihren Kindern lebten, konnte ich nicht in meiner Nähe dulden.

Durch Zufall hatte ich die Adresse des »Verwaisten Eltern München e. V.« in einem Buch entdeckt und ging in meiner Not zu einem Erstgespräch, später regelmäßig in die Gruppentreffen der »Frühtodgruppe«. Dort begegnete ich Leuten, denen ähnlich Schlimmes, häufig sogar noch viel Schmerzhafteres zugestoßen war. Das Kennenlernen dieser Menschen, die tapfer und offen über ihr Schicksal sprachen und sich zu ihrem Schmerz und ihrem Zorn bekannten, berührte mich und half mir sehr. Doch in diesem Kreis war nicht nur Platz für Tränen. Ich erinnere mich an viele Momente, in denen herzhaft gelacht wurde, manchmal über die »Unwissenden« da draußen, manchmal über die eigene Trübseligkeit. Die Gruppentreffen, die offiziellen und die privat organisierten, waren für mich der Ort, an dem ich die Maske des Alltags fallen lassen, meine Gefühle frei äußern konnte und mich geborgen fühlte, wo ich Kraft tankte für mein neues Leben.

Der Herbst und Winter 1997 konnten gar nicht stürmisch, regnerisch, grau und hässlich genug für mich sein. Ich lebte im Einklang mit diesen Jahreszeiten. Nach außen hin hatte ich mein altes Leben wieder aufgegriffen, aber es gelang mir nur mit größter Mühe, die Fassade zu wahren. Innerlich fühlte ich mich leer, ausgelaugt, erschöpft, zerstört. Es gab kein Zurück mehr in das alte leichte Leben. Zum Jahreswechsel 1998 hörte ich auf zu arbeiten und fühlte, dass dies ein wichtiger Schritt zur Regeneration meiner Kräfte war.

Dann kam Silvester 1998. Wir verbrachten es auf einer Selbstversorgerhütte in den Bergen, in größter Einfachheit mit unserem kleinen Sohn Oliver. In dieser Zeit begann das Erfühlen des verbliebenen Glücks. Gerade ihn, den kleinen Oliver hatte ich in den ersten Monaten nach Nicolas Tod sehr vernachlässigt. In meiner eigenen Not, Hilflosigkeit und Erschöpfung hatte ich keine Kraft mehr verspürt, noch auf ihn einzugehen. Nun spielten, sangen, kochten, erzählten und wanderten wir zusammen und ich fühlte, dass ich wieder richtig Freude empfinden konnte. Ich merkte auch, wie wenig materiellen Luxus man benötigt, um glücklich zu sein.

Wir begannen unser Leben neu zu strukturieren: Mein Mann, der in seinem Beruf als freier Anwalt zwar erfolgreich, aber nie sehr glücklich gewesen war, traf die Entscheidung, sich beruflich zu verändern. Ich bin sicher, ohne Nicolas Tod hätte er nicht die Kraft dazu gefunden. Doch die Erfahrung, dass der Tod Träume und Sehnsüchte in einem einzigen Augenblick zu zerstören vermag, ohne uns Zeit zu lassen, das Geträumte auch zu leben, bestärkte ihn, seine Wünsche zu verwirklichen und sich nicht weiter treiben zu lassen. Als er eine passende Stelle in Stuttgart angeboten bekam, fackelte er nicht lange, und wir ergriffen die Chance für den Neubeginn. Dies bedeutete Abschied von München, von Verwandten, alten und neuen Freunden, von Nicolas Grab, von vielen vertrauten Pfaden – eine Entscheidung, die neugierig machte, aber auch Ängste weckte.

Für mich sah die Entwicklung gänzlich anders aus. Ich hatte vor Nicolas Tod immer versucht, so viel wie möglich in mein Leben hineinzupacken – wahrscheinlich aus dem Gefühl heraus, alles organisieren, kontrollieren zu können. Scheinbar hatte ich die Fäden des Lebens in der Hand. Dieses mein Leben sollte voll bis zum Bersten sein. Dass gar nicht mehr genug Zeit blieb, seine einzelnen Elemente zu genießen – die Partnerschaft, den Sohn, die Arbeit, die Freizeit –, wurde mir erst später klar. Erst durch den Verlust unseres Babys wurde mir bewusst, wie kostbar jedes einzelne Stück meines verbliebenen Lebens war und wie wichtig es ist, umsichtig mit meinen zerbrechlichen Schätzen umzugehen. Ich lernte mich dem Schicksal zu ergeben, dem Auf und Ab der Gefühle zu folgen, sie zu ertragen und nicht unterzugehen.

Ein Trauerwochenende unter der Leitung von Christian und Christine im März 1998 gab meinem Mann und mir nochmals Raum, unsere doch recht unterschiedlichen Wahrnehmungen mit anderen Betroffenen auszutauschen. Dieses Wochenende war eine Gelegenheit, unsere Trauer nochmals intensiv auszuleben, und das zu einem Zeitpunkt, wo viele unserer »normalen« Bekannten bereits der Meinung waren, wir wären schon wieder ganz die »Alten«. Dabei waren erst sechs Monate vergangen.

Es wurde Frühling und ich wurde wieder schwanger. Dies sind nun zwei Entwicklungen, die biologisch gesehen gar nicht so ungewöhnlich waren, denn nach dem Winter kommt üblicherweise der Frühling und ich war zu diesem Zeitpunkt erst 33 Jahre alt. In meiner tiefen innerlichen Verwundung hatte ich jedoch mit der Familienplanung bereits abgeschlossen und konnte kaum glauben, dass ich nochmals eine Chance erhalten sollte, ein Kind zu bekommen. Das Wissen um das Keimen eines neuen Lebens in unserer Familie veränderte vieles. Mit der Hoffnung kamen gleichzeitig die Ängste, auch dieses Baby zu verlieren. Auch begriffen wir erst mit der Zeit, dass dies ein anderes Kind werden würde und dass es das Verlorene nicht würde ersetzen können.

Gerade in dieser Zeit brauchte ich die Hilfe der Gruppe mehr denn je. Denn mit zunehmendem Bauchumfang wuchsen auch meine Ängste ins Unermessliche. Der Austausch und der Rückhalt, den ich in der Gruppe auch in dieser Phase fand, war kostbar für mich. So fuhr ich jeden Monat von Stuttgart nach München: zu unseren Gruppentreffen und auf den Friedhof zu Nicola. Dabei war mein Kommen sicherlich nicht einfach für viele in unserer Gruppe. Es kamen immer wieder frisch Betroffene, die große Schwierigkeiten mit Schwangeren haben mussten, und es gab auch Mitglieder in der Gruppe, die sich sehnlichst ein Kind wünschten und zu diesem Zeitpunkt keines bekamen.

Dieser Sommer 1998 mit meiner dritten Schwangerschaft war mit Ängsten, Trauer und Sehnsüchten durchsetzt. Es war solch ein himmelweiter Unterschied zur Leichtlebigkeit des vorangegangenen Sommers. Als sich am 12. September der Geburts- und Todestag von Nicola jährte, erreichte das Chaos unserer Gefühle einen neuen Höhepunkt. Schließlich erblickte am 9. Oktober 1998 unsere kleine Tochter Manon mit Hilfe eines geplanten Kaiserschnitts das Licht dieser Welt. Wir konnten unser Glück kaum glauben. Unsere Dankbarkeit war und ist riesengroß.

Seit dem Tod von Nicola sind fast drei Jahre vergangen. Vieles ist wieder »normaler« geworden. Was ist geblieben von unserer ersten kleinen Tochter?

Sicherlich das Bewusstsein, dass wir kein Anrecht auf Glück haben, dass wir es uns auch nicht verdienen können. Meine heutige Dankbarkeit für die Gaben, die mir das Leben bis jetzt gegeben hat, verdanke ich zu großen Teilen der kleinen Nicola. Durch sie habe ich sicherlich auch erst verstanden, dass der Tod allgegenwärtig ist, dass er zum Leben gehört. Er kann uns von einem Augenblick zum anderen alles rauben, führt uns aber auch vor Augen, wie kostbar jeder Augenblick des Lebens ist, gerade weil wir vergänglich sind. Dass es den Tod gibt, das wusste ich natürlich schon vor Nicola, allein schon aufgrund meiner medizinischen Tätigkeit. Dennoch war ich in dem irrsinnigen Glauben, der Tod, die Katastrophen seien nur für die »anderen«. Mir, in meiner heilen Welt, konnte das doch nicht passieren! Nicola hat mich den Menschen, vor allem auch meinen Patienten, sehr viel näher gebracht. Die Fähigkeit, mich in andere hineinzuversetzen, Menschen mitfühlender begleiten zu können, die einen Angehörigen verloren haben oder ihn bald verlieren werden, verdanke ich Nicola.

Auch als Mutter habe ich von ihr gelernt. Zwar bin ich sicherlich keine »Supermutter«, aber ich glaube doch, dass ich den beiden lebenden Kindern liebevoller und inniger begegne als ich es ohne Nicola getan hätte. Die Beziehung zu meinem Mann hat durch den Tod unserer Kleinen ebenfalls eine neue Dimension an Offenheit, Austausch und Vertrauen erfahren. Und geblieben sind neue, kostbare Freunde, die ich mir aus meinem Leben nicht mehr wegdenken könnte und die ich ohne Nicola wahrscheinlich niemals kennen gelernt hätte.

Leider merke ich jedoch auch, dass ich durch den Verlust unseres Babys auch kein besserer Mensch geworden bin. Meine alte Neigung zur Hektik hat mich wieder gepackt. Ich arbeite wieder, allerdings nur halbtags. Geläutert bin ich also nicht. Aber Nicola begleitet mich auf jedem Schritt und ich meine zu fühlen, wie sie mich vorsichtig rüttelt, wenn ich es mal wieder zu bunt treibe,

Wenn ich das alles so hübsch schreibe, könnte man fast denken: Wie gut, dass Nicola gestorben ist, sonst wäre ihre Mutter nicht so gescheit wie sie heute zu sein scheint! Dem ist nicht so. Ich wünsche mir nichts sehnlicher als dass Nicola leben könnte und ich all diese Erfahrungen nicht gemacht hätte.

In meinen Fantasien habe ich mir immer schon drei Kinder gewünscht. Nun haben wir drei Kinder: Zwei nehmen ganz schön Platz auf Erden ein, eines hingegen nur sehr wenig. Aber in meinem Herzen ist Nicola eigentlich immer präsent. Es vergeht kaum ein Tag, an dem ich nicht an sie denke. Und wenn ich mich im Auto umdrehe und Oliver und Manon in ihren Kindersitzen auf der Rückbank sehe, dann frage ich mich manchmal, warum da nicht noch ein dritter Kindersitz zwischen ihnen stehen darf mit einem kleinen Mädchen namens Nicola darin. Diese Frage nach dem »Warum« und diese Sehnsucht wird mich wahrscheinlich bis zu meinem eigenen Tod begleiten. Ich hoffe sehr, dass wir uns danach wieder sehen.

Jeanine Carrie (35 Jahre)

Katharina

Ich wusste von Anfang an, dass dieses Kind ein Mädchen war und Katharina heißen sollte, genauso wie ich es schon bei meinem »Großen« wusste, dass er ein Junge wird.

Am Tag der Beerdigung meiner Oma hatte ich den Schwangerschaftstest gemacht; es war der frühestmögliche Zeitpunkt. Zwar hatte ich mir schon gedacht und erhofft, schwanger zu sein, war dann aber trotzdem überrascht, glücklich und ein bisschen durcheinander. Bei der Beerdigung war ich traurig, dass meine Oma tot war, und gleichzeitig überglücklich, dass ich wieder ein Kind in mir trug. Irgendwie fand ich es auch schön, dass meine Oma als einzige der »Anwesenden« wusste, dass ich wieder ein Kind bekam, ihr zwölftes Urenkelkind. Vielleicht war sie auch gegangen, um Katharina Platz zu machen?

Mit Beginn der sechsten Schwangerschaftswoche ging es mir zusehends schlechter. Mir war fürchterlich übel, ich konnte kaum etwas im Magen behalten. Schon während der Schwangerschaft mit meinem Sohn musste ich ab dem dritten Monat die ganze restliche Zeit Medikamente nehmen, die gegen die ständige Übelkeit und das häufige Erbrechen auch halfen. Doch bei Katharina war es viel schlimmer. Ich bekam die gleichen Medikamente, versuchte es auch mit Tees, ätherischen Ölen, Homöopathie und allen möglichen Hausrezepten und Empfehlungen. Nichts half. Die Wochen bis zum Ende des dritten Monats verbrachte ich hauptsächlich liegend, weil ich mich durch die fürchterliche Übelkeit und die mangelnde Ernährung körperlich sehr schwach fühlte. Ich zählte die Stunden und Tage bis zum Ende des dritten Monats, weil ich hoffte, dass es dann etwas leichter werden und zumindest die Medikamente wirken würden wie damals bei Alexander. Außerdem machte ich mir jeden Tag selbst Mut, indem ich mich so auf Katharina freute: mein Wunschkind, auf das ich viele Jahre hatte warten müssen und für das ich mich auch hatte operieren lassen! Ich hatte schon einiges für sie durchgestanden und wusste ja, dass ich am Ende mit ihr belohnt werden würde, wie damals auch mit Alexander. Alexander ist genau vierzehn Tage vor Tschernobyl entstanden. Es ist sicher für jeden vorstellbar, wie überglücklich und dankbar wir waren, dass er gesund zur Welt kam und bis heute gesund geblieben ist.

Ich sagte mir immer wieder: Ich stehe das alles durch, am Ende wird alles gut und wir sind wieder überglücklich. Ich hatte es ja schon einmal geschafft.

Am letzten Tag des dritten Schwangerschaftsmonats, einem Freitag, ging ich dann sehr zuversichtlich zu einer Routineuntersuchung, mit der festen Überzeugung, dass jetzt alles besser werden würde. Nach der Ultraschalluntersuchung sagte mir meine Ärztin, sie befürchte, dieses Kind sei behindert. Sie schickte mich sofort in die Uniklinik in der Maistraße, da es dort bessere Geräte gäbe und man gleich abklären könne, was los sei. Sie könne sich ja schließlich auch irren.

Ich wollte schreien, heulen, hören, dass das nicht stimmt, ich wollte und konnte es nicht glauben und musste gleichzeitig ruhig bleiben und überlegen, was zu tun war. Ich musste telefonisch organisieren, dass jemand Alexander von der Schule abholte, ohne dass ich dabei schon alle verrückt machte. Denn es war ja nicht sicher, vielleicht hatte sich die Ärztin ja getäuscht. Ja, sie musste sich getäuscht haben ...

Ich ließ mir mehrmals erklären, wie man zur Klinik in der Maistraße kommt, und musste mich sehr konzentrieren, die richtigen Verkehrsmittel zu nehmen, obwohl ich auch sonst fast ausschließlich mit öffentlichen Verkehrsmitteln unterwegs bin und auch die Maistraße kenne. Am Sendlingertor rief ich mir schließlich ein Taxi, weil ich völlig die Orientierung verloren hatte und den Wegbeschreibungen der Passanten nicht mehr folgen konnte.

In der Klinik wollten sie mich heimschicken, weil ich keinen Termin hatte und es bereits Freitag Mittag war. Erst nachdem ich darauf bestanden und dem Personal eindringlich erklärt hatte, worum es ging, durfte ich einige Formulare ausfüllen und mich in den Wartebereich setzen. Endlich, nach einer für mich unerträglichen Ewigkeit, lag ich auf dem Untersuchungstisch. Die Ärztin meinte, ich solle mir doch keine Sorgen machen. Meistens würden sich die ambulanten Ärzte täuschen, denn sie hätten ja nicht so gute Geräte. Ich schöpfte für einen kurzen Moment Hoffnung. Es war wohl doch nur ein schrecklicher Fehler meiner Ärztin gewesen und der Alptraum gleich zu Ende. Ich hatte doch schon so viel durchgestanden.

Während der Untersuchung sagte die Ärztin nichts und ließ eine Kollegin holen. Ich ahnte, was das zu bedeuten hatte. Mein Strohhalm Hoffnung zerbrach. Ich fühlte mich plötzlich wie tot. Die beiden sagten mir, dass mein Kind zu 98 % behindert sein würde. Ihr Verdacht war Trisomie 21 (Mongolismus) bzw. Turnersyndrom, d. h. das zweite X-Chromosom fehlt.

Nun kenne ich zufällig zwei Frauen mit Turnersyndrom. Beide sind in meinem Alter. Die eine ist klein und zierlich, hat Abitur gemacht und studiert, ist verheiratet und lebt ein ganz »normales« Leben. Bei ihr wurde diese »Behinderung« erst mit vierzehn Jahren entdeckt, als ihre Periode nicht einsetzte. (Diese Frauen können keine Kinder bekommen.) Die andere ist geistig behindert, lebt in einem Wohnheim, ist aber berufstätig und kann sich damit ihren eigenen Lebensunterhalt verdienen. Wie stark die Ausprägungen beider Symptomatiken sein können, ist nicht anhand von Untersuchungen festzustellen, sondern stellt sich erst mit der Entwicklung des betreffenden Menschen heraus. Von Trisomiekindern wusste ich, dass sie »fast normal«, aber auch »schwer behindert« sein können.

Die beiden Ärztinnen rieten mir, gleich am Montag zu kommen, um die Schwangerschaft zu unterbrechen.

Ich kam irgendwie nach Hause, innerlich wie tot. Zunächst organisierte ich, dass Alexander von einer anderen Mutter zum Kindergeburtstag mitgenommen wurde, auf den er sich schon sehr freute. Dann rief ich meinen Partner an und schilderte ihm die Situation. Er wollte es nicht glauben und konnte auch nichts sagen. Ich wollte jetzt nur noch alleine sein und nichts mehr denken und fühlen. Ich wusste nicht mehr, ob das wirklich ich war oder ob ich mich nur in einem fürchterlichen Traum befand.

Ich verstand auch nicht, wie diese Ärztinnen einfach sagen konnten, ich solle am Montag kommen und mein Kind umbringen, nur weil es aus medizinischer Sicht nicht 100 % perfekt war. Damals wurde Katharina zum ersten Mal wie ein bösartiges Geschwür behandelt, das man loswerden musste. Leider habe ich diese Haltung immer wieder erlebt, bis heute. Sie äußert sich in Sätzen wie: »Wer weiß, wozu es gut war. Sei froh, dass es so gekommen ist. Du kannst ja wieder Kinder kriegen.« Die allerschlimmste Frage kam von einem Vater, der

seine gesunde Tochter mit neun Monaten durch den plötzlichen Säuglingstod verloren hatte. Er fragte: »Kann man so ein Kind überhaupt
lieben?«
Ich verstehe nicht, was das eine mit dem anderen zu tun hat. Gerade
wenn Kinder leiden, wenn sie krank und verletzt sind, lieben Eltern
sie doch noch mehr als sonst und möchten alles tun, um ihnen ihr
Leid zu erleichtern.
Ich hatte Angst vor der Zukunft: was aus Katharina werden würde,
wenn wir sie nicht mehr versorgen konnten, wenn wir vor ihr star-
ben. Ich hatte Angst vor ihrem Leid, vor ihren körperlichen und seelischen Schmerzen, Angst davor, ihr vielleicht nicht helfen zu können.
Und ich hatte damals schon Angst, Ärzten ausgeliefert zu sein, die sie
nicht als Mensch, sondern als Symptom betrachteten. Das taten sie
jetzt schon, und es sollte auch bei den meisten so bleiben.
Am folgenden Montag rief ich in der Klinik an – nicht um die
Schwangerschaft zu beenden, sondern um irgendwie herauszufinden,
was mit Katharina war. Immer wieder wurde ich in den folgenden
Wochen in die Klinik bestellt: zu weiteren Ultraschall- und Blutuntersuchungen und zu einer Chorionzottenbiopsie, obwohl die Schwangerschaft für diese Untersuchung eigentlich schon zu weit fortgeschritten
war. Die Ärzte gingen ja damals noch von einem Chromosomenschaden aus. Ich weiß nicht mehr, wie ich die Wartezeiten zwischen
diesen Untersuchungen und deren Ergebnissen überstand. Ich musste
ja auch gleichzeitig für Alexander da sein, was schon schwierig genug
war wegen meiner ständigen Magenprobleme. Einkaufen und Kochen
war damals eine Tortur für mich. Zum Glück durfte mein Sohn zu
befreundeten Nachbarn zum Mittagessen gehen, da weder mein Partner die ganze Zeit da sein konnte noch meine Mutter, die nicht in
München lebt. Durch Alexander war ich aber auch gezwungen, mich
nicht aufzugeben, auch später nach Katharinas Tod.
Bei der Chorionzottenbiopsie stellte sich heraus, dass es sich weder
um Trisomie 21 noch um das Turnersyndrom handelte, dass Katharina
also gar keinen Chromosomenschaden hatte. Als der Anruf von der
Klinik kam, wusste ich nicht, ob ich mich freuen sollte oder nicht.
Was bedeutete diese Nachricht überhaupt? Hatten sie vielleicht im
Labor die Gewebeproben vertauscht? War am Ende alles ein großer

Irrtum, waren all die Sorgen, Ängste, dieser ganze Wahnsinn umsonst gewesen?

Nun wollten wir natürlich wissen, was sonst mit Katharina sein konnte. Aber von den Ärzten kam auf unsere Nachfrage immer nur die Antwort, man müsse den Verlauf der Schwangerschaft mit Ultraschall beobachten und abwarten, ob ihr Zustand sich verbessere, stagniere oder sich verschlechtere.

Was sollte ich glauben, hoffen, denken? Meine Nerven lagen blank, ich war verzweifelt, ich fragte mich sogar manchmal, warum sie mir dies alles antat. Eigenartigerweise hatte ich schon bevor ich wusste, dass Katharina behindert sein würde, den Gedanken:»Das überleben wir nicht beide, entweder sie oder ich«, weil es mir einfach so schlecht ging. Natürlich kamen dann auch gleich die Schuldgefühle bei mir hoch, dass ich so etwas überhaupt denken konnte. Weitere Schuldgefühle, die mich auch jetzt noch immer wieder einholen, beziehen sich auf meine Wut ihr gegenüber. Ich wusste doch, dass sie nichts dafür konnte. Wie konnte ich nur solche Gedanken haben? Vielleicht war ja ich selbst an allem schuld, weil ich ihren Körper sich nicht richtig entwickeln lassen konnte.

Inzwischen bin ich mir ziemlich sicher, dass diese schreckliche Übelkeit ein Anzeichen dafür war, dass Katharinas Körper nicht gesund war. Auch der Gedanke, wir würden nicht beide überleben, kam wohl aus meinem unterbewussten Wissen um ihren kranken Körper.

Jede der Ultraschalluntersuchungen, zu denen mich mein Partner begleitete, war eine Zerreißprobe für meine Nerven. Katharinas Nackenödem wurde immer größer anstatt kleiner. Wir bekamen immer die gleiche Antwort – abwarten und beobachten – und neue Termine.

Mir wurde klar, dass ich eine weitere ärztliche Meinung einholen wollte, und ich ließ mir einen Termin bei einem ambulanten Spezialisten der pränatalen Diagnostik geben. Als ich in der Klinik um die Unterlagen der bisherigen Untersuchungen bat, um sie zu dem ambulanten Arzt mitzunehmen, musste ich erst dem Vorwurf einer Ärztin begegnen, ich zweifelte an ihren Fachkenntnissen und Fähigkeiten, weil ich noch zu einem anderen Arzt wollte. Dieser Vorwurf war meines Erachtens eine Unverschämtheit. Immerhin ging es um das Leben oder den Tod meines Kindes, um eine Entscheidung, die wir treffen sollten, mussten, die man eigentlich nicht treffen kann! Wenn man sich etwas Größeres kauft, ist es selbstverständlich, mehrere Meinungen, Ideen, Vorschläge und Fachwissen einzuholen. Aber als es um das Leben meines Kindes ging, sollte ich an der Unfehlbarkeit ärztlicher Diagnosen nicht zweifeln dürfen. Ich vertrat jedoch meinen Standpunkt und bekam die Untersuchungsberichte von Katharina ausgehändigt.

Der ambulant arbeitende Spezialist stellte die gleichen Symptome fest und erklärte mir auch die Diagnose. Bei Katharina war das Lymphsystem nicht entwickelt. Das Lymphsystem entwickelt sich in der siebten bis achten Schwangerschaftswoche. (Die Übelkeit begann bei mir mit Beginn der sechsten Schwangerschaftswoche.) Woran es liegt, dass es sich nicht bzw. falsch entwickelt, ist bis heute nicht bekannt. Es gibt Kinder, die nur diese Nackenfalte haben und später kosmetisch operiert werden können, aber auch solche, die nicht lebensfähig sind, weil sich das Lymphsystem im ganzen Körper nicht richtig entwickelt. Ich erfuhr, dass man Katharina nur über Ultraschall beobachten könne, um festzustellen, wie schwer und weitreichend der Entwicklungsschaden bei ihr sei.

Der Arzt bot an, mir Adressen von Eltern zu geben, deren Kinder diese Störung hatten. Wir sollten die Möglichkeit haben, solche Kinder kennen zu lernen, um dann eine Entscheidung zu treffen. Ich sollte in der darauffolgenden Woche in der Praxis anrufen und er würde mir bis dahin die Adressen heraussuchen.

In der folgenden Woche habe ich drei Mal angerufen und um die Adressen gebeten. Ich bekam jedes Mal die Antwort, der Herr Doktor würde mich zurückrufen. Der Herr Doktor hat nie zurückgerufen. Warum, weiß ich nicht. Ich weiß nur, dass wohl auch dieser Mann, der täglich mit werdenden Müttern zu tun und eigene gesunde Kinder hat, nicht in der Lage war, die Sorgen und Ängste der Eltern eines behinderten Kindes wirklich ernst zu nehmen. Mit der Klarheit über die Diagnose und der Aussicht auf den Kontakt mit anderen betroffenen Kindern und Eltern hatte mir dieser Arzt für ein paar Tage die Hoffnung auf ein Leben mit Katharina geschenkt, die aber bei der nächsten Untersuchung jäh wieder zerbrach.

Bei meinem nächsten Termin in der Klinik stellte sich heraus, dass Katharina inzwischen am ganzen Körper Ödeme hatte. Die Prognose war schlecht. Es kam hinzu, dass ich mich ein halbes Jahr vor meiner Schwangerschaft einer großen Gebärmutteroperation hatte unterziehen müssen. Die Geburt eines ausgewachsenen Kindes auf natürlichem Wege war dadurch zu gefährlich, Katharina wäre auf jeden Fall mit Kaiserschnitt geholt worden. Von ärztlicher Seite wurde die Möglichkeit eines Schwangerschaftsabbruchs jetzt nicht mehr direkt ausgesprochen, aber sie stand ständig im Raum. Zur schlechten Entwicklung von Katharina kam die Gefahr der Überschreitung des zeitlichen Rahmens hinzu – sowohl für die Beendigung der Schwangerschaft als auch für die Möglichkeit, noch normal zu entbinden. Dadurch, dass sie jetzt noch klein war, war eine normale Geburt möglich und ich hatte noch die Chance, später weitere Kinder zu bekommen.

Ich war sehr verzweifelt, zumal ich immer das Gefühl hatte, dass die Ärzte zwar wussten, was mit Katharina war, uns aber nur die Hälfte ihres Wissens weitergaben. Gleichzeitig behandelten sie unser Kind nicht wie einen vollwertigen Menschen, nur weil ihr Körper nicht perfekt war, und nahmen uns in unseren Ängsten und Sorgen nicht ernst.

Ich ging nun mit all dem Wissen und Material, das ich hatte, zu Alexanders Kinderarzt, zu dem ich ein sehr ehrliches, offenes und vertrautes Verhältnis hatte und den ich immer als sehr verantwortungsbewusst, verbindlich und ehrlich erlebt hatte. Er kannte diese Form der Behinderung nicht, doch allein die Tatsache, dass das Lymphsystem nicht entwickelt war, war für ihn eine grausame Diagnose. Er nahm an, dass ich von den anderen Ärzten wahrscheinlich nie eine klare Antwort bekommen würde, weil sie zu viel Angst vor der Verantwortung hatten. Aufgrund der langen vertrauten Beziehung gab er mir den Rat, Katharina ein Leben mit einem solchen Körper zu ersparen. Falls sie überhaupt lebend zur Welt kam, hätten wir wahrscheinlich keinen Einfluss mehr auf ihr Leben. Neben ihren eigenen Qualen würde sie es erdulden müssen, ohne Aussicht auf Erfolg medizinisch behandelt zu werden. Dr. A. gab zu, dass er nicht nachempfinden könne, wie eine Mutter mit ihrem Kind im Bauch fühlt, und dass er mir deshalb auch keinen Rat geben könne. Aber nachdem ich ihn um seine Meinung gebeten hatte, wollte er mir gegenüber ehrlich sein. Er hat mich auch einige Zeit nach Katharinas Tod gefragt, wie es mir ging.

Nach meinem Gespräch mit Dr. A. trafen mein Partner und ich die Entscheidung, die Schwangerschaft zu beenden.

Eine unmögliche Entscheidung. Die schrecklichste Entscheidung, die schlimmste Schuld meines Lebens. Eine Entscheidung, bei der ich immer schuldig geworden wäre. Konnte ich die Entscheidung treffen, meinem Kind so ein Leben aufzubürden? Gefühle, an denen ich manchmal dachte verrückt zu werden ...

Ich ging am nächsten Tag in die Klinik und teilte dem Arzt unsere Entscheidung mit. Er sagte, wenn wir es nicht von selbst getan hätten, hätte er uns dringend dazu geraten, da die Prognose sowieso Katharinas Tod noch im Mutterleib voraussagte. Anschließend musste ich zur Psychologin zum Gespräch, um – wie ich später erfuhr – bestätigen zu lassen, dass mir nicht einfach so im fünften Monat die Idee gekommen war, mein Kind plötzlich nicht mehr zu wollen.

Nachdem die Psychologin dies bestätigt hatte, konnte ich mich den medizinischen Voruntersuchungen unterziehen, damit eine Woche später, wenn ich zur Geburtseinleitung kam, gleich begonnen werden konnte.

Einen Tag vor meiner Klinikaufnahme kam ein Anruf von einer der beiden Ärztinnen, die mich bei meinem ersten Termin untersucht und vorgeschlagen hatten, doch gleich am Montag zum Abbruch zu kommen. Sie teilte mir mit, dass ich erst eine Woche später in die Klinik kommen könne. Es müsse erst ein Ärztegremium entscheiden, ob die Schwangerschaft unterbrochen werden dürfe, da dies in Bayern ja eigentlich illegal sei. Und da mein behandelnder Arzt kurzfristig weg musste und nur er allein meinen Fall vorstellen könne – so sei das in dieser Klinik üblich –, könne ich eben erst in der übernächsten Konferenz besprochen werden, wenn der entsprechende Arzt wieder da sei. Ich verstand überhaupt nichts mehr. Erst hieß es, ich sollte mein Kind sofort umbringen, ohne zu wissen, was mit ihm war. Dann wollten sie uns nicht sagen, wie es um Katharina stand. Später waren sie wieder der Meinung, wir sollten ihr Leben beenden, dann wieder musste ich mich auf meine Zurechnungsfähigkeit hin begutachten lassen. Jetzt maßten sich wildfremde Menschen also an, aufgrund ihres Standes über unser Leben zu entscheiden, indem sie »Fakten« aus rein medizinischer Sicht beurteilten.

Wäre ich mit meinen physischen und psychischen Kräften nicht so am Ende gewesen, ich hätte eine andere Klinik aufgesucht. Doch ich konnte einfach nicht mehr. Ich wollte nur noch, dass alles vorbei war und wir wieder »normal« leben durften. Ich wollte nur noch, dass dieser Wahnsinn endlich aufhörte. Ich empfand nichts mehr für Katharina.

Nachdem die Prognose von ärztlicher Seite feststand, wurde uns übrigens weder von den Ärzten noch von der Psychologin die Möglichkeit angeboten, Katharina in mir sterben zu lassen und dann zu gebären. Ich war nicht mehr in der Lage, einen klaren Gedanken zu fassen. Ich fühlte mich nur immer wieder überrollt, gebeutelt von den verschiedenen, teilweise unklaren und sich widersprechenden Informationen und Meinungen. Von Anfang an herrschte der Tenor, dieses Kind sei behindert und habe deshalb kein Lebensrecht. Mehrmals bekam ich zu hören, ich müsse dankbar sein, dass es heutzutage Ultraschall gibt, denn früher hätten die Frauen solche Kinder gebären und großziehen müssen.

Diese Grundhaltung, ich müsse dankbar sein, Katharina loszuwerden, setzte sich in der Klinik weiter fort. Als ich mich am 1. Juli 1997 auf der Station aufnehmen lassen wollte, auf der ich schon angemeldet war – ich hatte ja auch schon alle möglichen notwendigen Tests machen lassen –, wusste niemand, wer ich war und warum ich kam. Meine Akten waren nicht auffindbar. Nachdem ich der aufnehmenden Schwester erklärt hatte, worum es bei mir ging – die künstliche Geburtseinleitung –, brachte sie mich in ein Vierbettzimmer, um in der Zwischenzeit meine Akte zu suchen. Meiner Bettnachbarin sollten am nächsten Tag zwei befruchtete Eier eingesetzt werden, was auch geschah, während ich gleichzeitig in den Wehen lag.

Da die Blutuntersuchungen inzwischen zu alt waren, mussten sie erneut durchgeführt werden. Außerdem musste aus einem mir unbekannten Grund das Ärztegremium am Nachmittag noch einmal entscheiden, ob bei mir am nächsten Tag die Geburt eingeleitet werden durfte. Für den eventuellen Fall, dass es zwischenzeitlich schon losging, durfte ich ab sofort schon nichts mehr essen (das fiel mir ja nicht schwer).

Mit dem ganzen Mut der Verzweiflung habe ich mich dann vors Ärztezimmer gesetzt und gewartet, bis die Konferenz zu Ende war, um den nächstbesten Arzt, der aus diesem Zimmer kam, nicht mehr gehen zu lassen, bis ich wusste, wann sie die Geburt einleiten würden. Mit dieser Methode hatte ich schließlich »Erfolg«. Ich klebte mich an die erste Ärztin, die den Raum verließ, und konnte erreichen, dass noch am gleichen Tag die Einleitung begonnen wurde. Ich wollte die Geburt einfach hinter mich bringen und dann so schnell wie möglich wieder nach Hause, wieder zu Alexander, endlich wieder »normal« sein.

Katharina wurde achtundzwanzig Stunden später geboren.

Ich hatte den OP-Bericht von der Gebärmutteroperation dabei und abgegeben, weil mir die OP-Ärztin gesagt hatte, dass dies gerade bei einer Geburt wichtig sei. Durch die Schnitte bestand die Gefahr, dass meine Gebärmutter bei der Geburt platzte. Jeder der insgesamt sechs Ärzte fragte mich, woher die Narbe käme, ebenso die Hebamme. Die Einzige, die wusste, woher ich diese Narbe hatte, war die Hebammenschülerin. Vermutlich war sie die Einzige, die meine Akten gelesen hatte.

Nach der Geburt musste noch eine Ausschabung gemacht werden. Da mir für die letzten fünfzehn Minuten der Geburt eine PDA gelegt worden war, sollte diese auch für die Ausschabung genutzt werden. Diese wurde in einem anderen OP gemacht, d. h. ich wurde von dem Computer, der die Dosis regulierte, abgehängt und in einen anderen Raum gebracht. Während der Ausschabung, die ich bei vollem Bewusstsein erlebte, reichte die Betäubung nicht mehr aus. Die zwei jungen Ärzte meinten nur immer wieder: »Es ist doch gleich vorbei«, und ließen sich durch meine Schmerzensschreie nicht irritieren. Da meine Beine festgeschnallt waren, konnte ich mich nicht wehren, zudem war ich ja trotzdem noch von der Hüfte abwärts teilweise gelähmt.

Ich hatte vor der Geburt geklärt, dass ich Katharina nachher noch alleine bei mir haben wollte. Es wurde mir auch zugesagt. Da aber gerade Schichtwechsel anstand, sagte die Hebamme, sie würde sie mir nach der Ausschabung bringen. Bis ich wieder zurück im Zimmer war, war die Nachtschicht im Dienst. Niemand hat mir Katharina gebracht. Ich konnte nicht mehr, ich hatte nicht mehr die Kraft, mein Recht auf Katharina einzufordern.

Zu allem Überfluss kam noch ein Arzt vorbei und bearbeitete mich, Katharina zur Obduktion freizugeben. Ich hatte nämlich schon vor der Geburt bei den Ärzten und der Psychologin festgelegt, dass wir nicht wollten, dass sie obduziert wurde. Ich blieb standhaft und gab meine Einwilligung nicht.

Nachdem ich mehreren Ärzten und Schwestern genügend auf die Nerven gegangen war, haben sie mir nach etwa einer Stunde Katharina doch noch einmal gebracht und ich konnte noch etwa zwanzig Minuten mit ihr allein sein. Sie war kalt, wie aus dem Kühlschrank. Vom Verstand her ist mir klar, dass sie kühl gelagert werden musste, und trotzdem war und ist mir die Vorstellung schrecklich, dass Katharina gleich nach ihrer Geburt in den Kühlschrank kam.

Ich hätte doch die Kraft aufbringen müssen, sie mir gleich bringen zu lassen. Vielleicht hätte ihre Seele noch mehr Zeit gebraucht, sich aus ihrem Körper zu lösen.

Am Tag nach ihrer Geburt kam der Arzt wieder zu mir ins Zimmer und bedrängte mich erneut, Katharina obduzieren zu lassen. Es sei wichtig für die medizinische Forschung und man könne damit später vielleicht anderen Eltern helfen. Ich wollte nicht, dass ihr kleiner Körper zerstückelt wurde. Daraufhin gab er mir zur Antwort, dass nur Gewebeproben entnommen werden würden. Ich habe letztendlich doch zugestimmt, weil ich endlich meine Ruhe haben wollte. Ich hatte keine Kraft mehr, mich gegen diese ständige Übermacht der medizinischen Maschinerie zu wehren. Offensichtlich war es keinem dieser Ärzte möglich, sich auch nur annähernd in meine Situation zu versetzen.

Da der Obduktionsbericht entgegen der ärztlichen Aussagen nie bei mir bzw. meiner Frauenärztin ankam, ging ich ein halbes Jahr später, als ich mich einigermaßen dazu in der Lage fühlte, in die Klinik zurück, um ihn persönlich abzuholen. Im Archiv bekam ich die Antwort, er sei nicht auffindbar und ich müsse mich an den damals behandelnden Arzt wenden, was ich natürlich tat. Einige Wochen später bekam ich den Obduktionsbericht per Post zugeschickt. Ich musste

dann lesen, dass man Katharina sämtliche inneren Organe entnommen, gewogen und gemessen hatte, auch das Gehirn. Der Arzt, der
mich zur Obduktion genötigt hatte, hatte mich ganz einfach ange-
logen, um sein Ziel zu erreichen, ohne auch nur die geringste Ach-
tung vor Katharina und vor meinen Gefühlen. In seinen Augen war
sie anscheinend nur irgendein Studienobjekt.
Am Freitag Morgen holte mich mein Partner, Katharinas Vater, aus
dem Krankenhaus ab. Er war bei der Geburt nicht dabei gewesen, er
hatte zu viel Angst davor. Er hat Katharina auch nie gesehen, weil er
nach der Geburt nicht den Mut hatte, ihren entstellten Körper zu be-
trachten. Ich sah ihn erst zwei Tage später wieder, als er mich aus der
Klinik abholte. Ein Jahr nach ihrem Tod habe ich mich von ihm ge-
trennt. Ich kann ihm bis heute nicht verzeihen, dass er uns beide in
diesen schrecklichen Stunden allein gelassen hat – bei Katharinas Geburt und in ihrem Sterben. Auch ich hatte Angst, aber nicht die Möglichkeit, davonzulaufen. Ich glaube auch, dass ich, wäre er dabei gewesen, nicht die zusätzlichen Schmerzen der Ausschabung hätte
aushalten müssen, weil er mich davor hätte schützen können.
Er weiß, dass er uns im Stich gelassen hat, dass dieser Fehler nicht
wieder gut zu machen ist. Es tut ihm sehr Leid. Mir auch. Ich verstehe seine Angst. Ich habe vieles versucht, ich liebe ihn noch immer,
und trotzdem gibt es für mich keinen Weg zurück. Ich habe das Gefühl, Katharina zu verraten, wenn ich zu ihm zurückgehe. Ich stehe
zwischen den beiden und kann mich deshalb nur für eine – für Katharina – entscheiden.
Am Abend hatte ich dann einen Nervenzusammenbruch. Ich wusste
nicht, wo Katharina war. Ich hatte sie im Krankenhaus allein zurückgelassen bei Menschen, die sie nicht liebten und sie wie ein Stück
kaputtes Fleisch behandelten. Ich hatte Angst, sie würde mir nie verzeihen, was ich getan hatte. Diese Angst habe ich immer noch. Ich
sage ihr immer wieder, dass ich sie nicht etwa nicht wollte, sondern
Angst hatte vor dem Leben, das sie hätte erleiden müssen, vor ihren
Schmerzen und davor, dass ich nicht genügend Kraft haben würde für
sie und Alexander. Hinzu kam die Angst davor, was aus Katharina
werden sollte, wenn wir einmal nicht mehr da sein würden.
Ich habe sie von Anfang an geliebt und tue es immer noch.

Von anderen Eltern, deren Kinder während der Schwangerschaft, der Geburt oder kurz danach eines »natürlichen Todes« gestorben sind, habe ich erfahren, dass sie vom Personal der gleichen Klinik sehr einfühlend und fürsorglich behandelt wurden. Sie wurden z. B. in Zweibett- bzw. (soweit möglich) in Einbettzimmer verlegt und konnten ihre Kinder nach deren Tod bei sich haben, solange sie wollten. Alle bekamen auch die Adresse der »Verwaisten Eltern« und die Empfehlung, mit dieser Gruppe Kontakt aufzunehmen.

Ich selbst bin knapp anderthalb Jahre nach Katharinas Tod durch Zufall auf die »Verwaisten Eltern« gestoßen. Es ging mir damals sehr schlecht. Ich war voller Schuldgefühle und dachte auch, ich sei nicht normal, da meine Umwelt spätestens nach einem halben Jahr von mir erwartete, dass alles überwunden sei. In den Augen der anderen hatte ich ja auch »Glück« gehabt, dass man Katharinas Behinderung noch rechtzeitig entdeckt hatte und wir nicht so ein Kind bekommen mussten.

Bei den »Verwaisten Eltern« ist mir klar geworden, dass nicht ich diejenige bin, die »nicht normal« ist, sondern dass die meisten Außenstehenden mit dem Tod von Kindern nicht umgehen können und wollen, weil es zu bedrohlich ist. Es ist nicht normal, dass Kinder sterben, und wenn doch, dann trifft es andere. Es ist ein Thema, dem sich kaum jemand freiwillig stellt.

Ich bin sehr froh und dankbar, dass es die »Verwaisten Eltern« gibt und dass ich dort auch noch nach drei Jahren über meine Schuldgefühle, meine Trauer und meine Sehnsucht reden und weinen kann, solange ich es brauche. Gerade diese Gefühle wurden und werden mir von außen immer wieder abgesprochen. Ich erkläre mir das inzwischen damit, dass wir, indem wir die Entscheidung zum Schwangerschaftsabbruch selbst trafen und da Katharina behindert war, wohl in den Augen der meisten Menschen keinen Grund und kein Recht zur Trauer haben. Ich würde mir wünschen, durch diesen Bericht über Katharina dazu beitragen zu können, dass Ärzte, Krankenschwestern, Psychologen und Menschen, in deren Verwandten- und Freundeskreis Eltern ein Kind aufgrund einer medizinischen Indikation verloren haben, sensibler und auch gnädiger mit diesen Betroffenen umgehen.

Ich »beneide« immer wieder Eltern, deren Kinder ohne deren Zutun gestorben sind. Sie müssen »nur« mit der Trauer und unstillbaren Sehnsucht leben. Mich belasten zudem noch meine »Schuld« an Katharinas Tod und die Angst, sie wird es mir nie verzeihen.

Elisabeth W. (37 Jahre)

Julian

Juli 1993: Ich bin das erste Mal schwanger. Mir geht es gut, keine Übelkeit, ich freue mich riesig. Anfang Oktober wollen wir heiraten und im März soll dann schon unser Baby kommen. Ich habe keinerlei Zweifel daran, dass es so sein wird. Zweieinhalb Wochen bin ich einfach nur glücklich.

Dann entdecke ich auf einer Tankstellentoilette einen Blutstropfen im Slip. Sofort fahren wir ins Krankenhaus. Eine Blutung aus der Gebärmutter lässt sich zum Glück nicht feststellen. Ich bekomme eine Hormonspritze und werde wieder nach Hause geschickt mit der Auflage, mich zu schonen und am nächsten Tag zum Ultraschall wiederzukommen. Ich blute nicht mehr, habe auch keine Schmerzen und bin recht zuversichtlich.

Beim Ultraschall am nächsten Tag wird festgestellt, dass keine zeitgerechte Entwicklung vorliegt und auch kein Herzschlag zu sehen ist. Die Ärzte sind skeptisch. Ich kann es einfach nicht glauben. Trotzdem stellen sie mir frei, noch abzuwarten. Nach der Kontrolle am nächsten Tag entscheide ich mich, gleich zur Ausschabung dazubleiben. Das ist auch gut so. Noch im Laufe des Tages bekomme ich Blutungen, die schließlich nachts in wehenartige Schmerzen übergehen. In der Nacht noch, auf der Toilette, verliere ich mein Baby. Am nächsten Tag werde ich ausgeschabt.

Dann liege ich in einem Sechsbettzimmer zusammen mit mehreren Frauen, die ihre unerwünschten Schwangerschaften abgebrochen haben und nun glücklich über ihre wieder flachen Bäuche sind. Ich heule in mein Kissen, warte auf Ulf, heule in seinen Armen weiter.

Nach drei Tagen darf ich nach Hause. Auch dort liege ich in den ersten Tagen hauptsächlich im Bett und weine um mein Baby. Wir sind gerade erst nach Leipzig gezogen, haben nur ein möbliertes Zimmer zur Untermiete, kennen niemanden. Ich fühle mich sehr einsam. Zum Glück lenken mich die Hochzeitsvorbereitungen bald ab. Nur der Anblick von Schwangeren bringt mich regelmäßig aus der Fassung.

Der Wunsch, wieder schwanger zu werden, war sofort da. Ende Januar 1994 war es soweit: Ich erwartete wieder ein Baby. Wir freuten uns sehr. So unbeschwert glücklich wie beim ersten Mal konnte ich aber nicht sein. Wie oft wachte ich panisch auf, weil ich von Blutungen geträumt hatte; jeder Gang zur Toilette war von Angst erfüllt. Nach den ersten zwölf Wochen entspannte ich mich ein wenig. Ab der 16. Schwangerschaftswoche sorgten die Ärzte jedoch mit allen möglichen schlechten Diagnosen wieder dafür, dass auch der Rest der Schwangerschaft nicht völlig unbelastet verlief. Am 4. Oktober 1994 kam Sabrina, zwei Tage vor dem errechneten Entbindungstermin, endlich gesund zur Welt. Die Entbindung war grauenhaft. Unser Baby wurde im OP kurz vor einer Notsectio mit der Saugglocke auf die Welt gezerrt. Nach einer Nacht auf der Intensivstation kam sie zu mir und entwickelt sich seitdem prima.

Wir wünschten uns möglichst bald ein weiteres Kind. Am 10. Februar 1996 stellte ich meine dritte Schwangerschaft fest, Termin sollte der 16. Oktober sein. Mir ging es nicht besonders gut. Erst hatte ich Angst vor einer Eileiterschwangerschaft, dann vor einer Fehlgeburt, außerdem war ich ständig müde und mir war übel. Seit Sabrinas Geburt hatte ich keine Nacht mehr durchgeschlafen. Wir hatten gerade einen Umzug von Leipzig nach München hinter uns und ich hatte einfach keine Reserven mehr.

Aber alles verlief normal. Das Kleine entwickelte sich zeitgerecht, und als die 12. Woche begann, ging es mir besser und ich wurde ruhiger. Prompt bekam ich Mitte der 12. Woche ganz plötzlich heftige Blutungen. Ich lag auf dem Wohnzimmerteppich, blutete schwallweise Handtücher voll und versuchte Hilfe zu bekommen. Der Notarztwagen fuhr mich schließlich ins Krankenhaus. Mittlerweile hatte ich starke Bauchkrämpfe und machte mir keinerlei Hoffnungen mehr. Beim Ultraschall konnten wir unser Kleines jedoch munter in der Gebärmutter toben sehen, und auch die Blutung hatte etwas nachgelassen. Ich wurde stationär aufgenommen, bekam Magnesium und Bettruhe verordnet und war froh, dass meine schlimmsten Befürchtungen nicht wahr geworden waren. Nach fünf Tagen wurde ich auf eigenen Wunsch entlassen. Die Blutung war noch nicht völlig zum Stillstand gekommen, aber dem Baby ging es bestens, und liegen konnte ich zu Hause ebenso gut.

Eine Woche später stellte mein Gynäkologe ein großes Hämatom in der Gebärmutter fest. Irgendwo sickerte immer noch Blut vor sich hin. So sollte es nun leider auch einige Wochen bleiben. Das Hämatom verschwand nicht, wurde auch nicht kleiner. Immer wieder bekam ich zwischendurch leichte Blutungen, die mich regelmäßig in Panik versetzten. Dann war das Hämatom endlich doch verschwunden. Langsam kam ich wieder auf die Beine. Unser Baby entwickelte sich gut. Ich hatte immer etwas Angst vor einer Frühgeburt oder davor, dass die Plazenta sich durch die Blutung vorzeitig lösen könnte. Aber alles verlief normal.

Als ich die 30. Schwangerschaftswoche erreicht hatte, verringerten sich meine Ängste und ich bekam langsam Lust, etwas für das Baby vorzubereiten. Irgendetwas hinderte mich jedoch daran. Ich wollte Vorbereitungen treffen und traute mich nicht! Wortwörtlich dachte ich: »Binden könnte ich kaufen, die brauche ich auf jeden Fall.« Überhaupt hatte ich plötzlich eine unerklärliche Unruhe in mir. Zu Beginn der 31. Woche verlegte ich einen Arzttermin von Dienstag auf Freitag. Am Mittwoch rief mich mein Gynäkologe an und wollte wissen, ob alles in Ordnung sei. Ich sagte: »Ja, und ich hoffe, es ist auch am Freitag, wenn ich komme, noch alles in Ordnung.«

Dann kam der Freitag. Es war der 9. August 1996. Wie immer schlief ich nur sehr flach; Julian in meinem Bauch war ständig in Bewegung. Gegen 6 Uhr früh drehte ich mich auf die rechte Seite, die einzige Position, die halbwegs bequem für mich war. Sofort protestierte der Kleine mit unmutigem Strampeln. Ich sagte noch zu ihm: »Schon gut, ich weiß, dass du das nicht so magst«, und drehte mich wieder zurück. Ich spürte wie er sich streckte, dann war Ruhe und ich schlief wieder ein. Wir schliefen ungewöhnlich lange an diesem Morgen.

Als wir gegen 9 Uhr aufwachten, spürte ich nichts von meinem Baby. Da er immer sehr mobil und praktisch ständig in Bewegung war, war ich gleich beunruhigt. Unter der Dusche versuchte ich ihn zu wecken: Duschstrahl auf den Bauch – keine Reaktion. Ich legte mich auf die Couch; normalerweise spürte ich ihn dann immer. Wieder nichts. Meine Unruhe wuchs. Bereits um 10 Uhr hielt ich es nicht mehr aus und rief Ulf im Dienst an. Um 11 Uhr war er zu Hause und fuhr mit mir, obwohl ich mittags den Arzttermin hatte, in seine Praxis. Ich lag auf der Liege und Ulf schaute in den Ultraschallschirm. Er schaute und schaute. Ich wurde immer nervöser, konnte kaum mehr still liegen, fragte, was los sei. Er meinte, er müsse sich erst einmal orientieren, und suchte immer weiter. Irgendwann drehte er mir dann den Bildschirm zu und schüttelte nur noch langsam den Kopf.

Niemals werde ich diesen Moment vergessen. Das Herz unseres Babys schlug nicht mehr. Riesengroß und totenstill starrte es mich an. Ich fing an zu schreien: »Nein, nein, bitte sag, dass es nicht wahr ist!« Sabrina, gerade 22 Monate alt, stand daneben und fing natürlich auch an zu weinen.

Irgendwie kamen wir aus dem Gebäude, stürzten ins Auto und fuhren zu meinem Gynäkologen. Auf der Fahrt war ich völlig außer mir. Mein Arzt machte sofort einen Ultraschall, konnte Ulfs Diagnose aber auch nur bestätigen. Selbst völlig fassungslos, holte er sogar noch seine Kollegin dazu. Aber das Herz blieb stumm.

Wir fuhren ins Krankenhaus. Wie wir dort hinkamen, weiß ich nicht mehr. Dort war ich plötzlich ganz ruhig. Ich hatte irgendwann einmal etwas über eine Totgeburt gelesen und wusste jetzt ganz genau, was ich wollte. Nach Sabrinas unschöner Geburt wollte ich wenigstens ein normales Geburtserlebnis. Ich sagte gleich, dass ich mein Baby sehen und in den Arm nehmen wollte und bat Ulf, einen Fotoapparat mitzubringen. Wir bekamen ein Zimmer für uns, mir wurde ein Prostaglandinzäpfchen gelegt und ich war noch in der Lage, einige Bekannte und Verwandte über Julians Tod zu informieren. Alle waren entsetzt. Meine Schwester, in der gleichen Woche schwanger wie ich, brach in Tränen aus. Nur ich blieb ruhig, plante sogar einen Urlaub nach der Geburt. Im Nachhinein ist mir klar, dass ich einfach völlig unter Schock stand.

Am nächsten Morgen wurde ich in den Kreißsaal gebracht. Ulf kam,
und nun ging es richtig los. Um 11.23 Uhr war Julian da. Ulf fing an
zu schluchzen, ich selbst konnte es immer noch nicht richtig fassen.
»Die Nabelschnur«, war das Einzige, was der Arzt sagte. Julian hatte
sie um den Hals und ein Beinchen gewickelt und sich selbst die Sau-
erstoffzufuhr abgeschnitten, als er sich das letzte Mal streckte.
Eigentlich wollte ich ihn direkt in den Arm nehmen. Als er aber dann
so blutverschmiert, leicht blau gefärbt und völlig schlapp dalag, konnte
ich es doch nicht. So wurde ich erst noch ausgeschabt und genäht,
während Ulf und die Hebamme Julian wogen (1.640 g, 43 cm), wu-
schen und in ein Tuch wickelten. Dann bekam ich ihn in den Arm.
Wir hatten ihn zwei Stunden bei uns; ich schaute ihn ganz genau an.
Überall entdeckte ich Ähnlichkeiten mit Sabrina. Mittlerweile liefen
zwar auch bei mir die Tränen, aber der ganz große Schmerz und die
Verzweiflung sollten erst noch kommen.
Nach zwei Stunden gaben wir Julian freiwillig wieder der Hebamme.
Er wurde langsam kühl und wir hatten Angst vor Veränderungen.
Dass dieser Abschied zu früh und abrupt war, merkte ich schnell. Ich
hatte das Gefühl, mein Baby ohne Verabschiedung weggegeben zu ha-
ben. Obwohl mir jeder davon abriet, setzte ich es einen Tag vor der
Beerdigung auf dem Friedhof verzweifelt heulend durch, dass ich
Julian noch einmal sehen, ihn streicheln und ihm auf Wiedersehen
sagen konnte. Das war überaus wichtig für mich und hat mir sehr
geholfen.
Ich blieb die Nacht über allein im Krankenhaus, schlief sogar etwas.
Kaum erwachte ich am nächsten Morgen, brach alles über mir zusammen. Ich fing sofort an zu schluchzen. Mein Bauch war so leer, meine
Arme waren so leer, alles tat so weh. Ich war nur Verzweiflung und
Schmerz. Mittags durfte ich nach Hause, wo ich mich sofort ins Bett
verkroch. Ich wollte nur meine Ruhe und weinen, weinen, weinen.
Ich fiel in ein tiefes Loch, wusste nicht, wie ich da jemals wieder he-
rauskommen sollte. Abends konnte ich nicht einschlafen, morgens,
wenn beim Aufwachen sofort wieder alles über mich hereinbrach,
wusste ich nicht, woher ich auch nur die Kraft zum Aufstehen nehmen sollte. Nichts erschien mir mehr sinnvoll. Manchmal wäre ich
selbst am liebsten gestorben.

Sehr schnell hatte ich den Wunsch, Frauen kennen zu lernen, die Ähnliches erlebt hatten. Ich suchte meine alten »Eltern«-Zeitschriften durch, bis ich den Artikel »Der Abschied von meinem Baby« gefunden hatte. Dort fand ich auch die Adresse der »Verwaisten Eltern« und der Initiative »Regenbogen – glücklose Schwangerschaft«. Hier bekam ich die Hilfe, die ich suchte, persönliche und briefliche Kontakte. Diese Kontakte halfen mir sehr, die ersten Wochen und Monate zu überstehen. Tagsüber schrieb ich mir alles von der Seele – in den ersten Tagen ins Tagebuch, dann in Form von Briefen. Außerdem fuhren wir fast sofort in eine Buchhandlung. Ich verschlang Hannah Lothrops »Gute Hoffnung – jähes Ende« und nach und nach sämtliche Literatur, die ich zu dem Thema fand, vor allem Erfahrungsberichte. Die Tage brachte ich auf diese Weise irgendwie herum. Abends und nachts wusste ich jedoch kaum wohin mit meinem Schmerz. In der ersten Zeit konnte ich nur: »Warum? Warum? Warum?« fragen, immer und immer wieder. Eine Antwort fand ich nicht.

Zehn Tage nach seiner Geburt wurde Julian beerdigt. Die Sonne brannte. Wie konnte sie weiterscheinen, wo doch mein Baby tot war? Ich hatte seit mehr als einer Woche kaum etwas gegessen, und nun brach ich fast zusammen vor Schmerz und Schwäche. Doch ich überstand auch diesen Tag.

Und das Leben ging weiter, so schwer mir das auch fiel. Der Wunsch nach einer weiteren Schwangerschaft war bei mir sofort da. Mein Zyklus wollte sich aber einfach nicht wieder richtig einpendeln. Ständig war ich bei meinem – zum Glück sehr verständnisvollen – Gynäkologen, ließ Hormone bestimmen und per Ultraschall nach sprungreifen Follikeln suchen. Ich hatte furchtbare Angst, nie wieder schwanger zu werden. Nach 8½ Monaten hat es dann doch geklappt. Die Schwangerschaft verlief in oft panischer Angst, es könnte auch diesem Baby etwas passieren. Im Januar 1998 kam unser Sohn Jannik jedoch gesund und munter zur Welt.

Inzwischen sind seit Julians Tod fast vier Jahre vergangen. Damals hätte ich nie geglaubt, dass es mir jemals wieder so gut gehen könnte. Wir freuen uns an unseren beiden lebenden Kindern, ich bin noch einmal schwanger geworden und erlebe diese zweite Folgeschwangerschaft wesentlich entspannter, kann sie oft sogar richtig genießen.

Dennoch hat Julians Tod seine Spuren in unserem Leben hinterlassen. Vieles ist anders als früher, wird es wohl auch immer bleiben. Und Julian wird immer unser zweites Kind bleiben, das nie mit uns leben durfte.

Gisela Kahmann (37 Jahre)

Lorenz

Im Januar bemerkte ich, dass ich schwanger war. Mein Mann und ich freuten uns sehr, dass sich unser Wunsch nach einem zweiten Kind so schnell erfüllen sollte und unsere bald zweijährige Tochter Rosa im September ein Geschwisterchen bekommen würde. Die Frühschwangerschaft verlief bis auf die übliche Übelkeit und Müdigkeit problemlos. Allerdings machte ich mir diesmal sehr viele Gedanken, ob das Kind auch gesund sein würde – wesentlich intensiver, als ich das bei Rosa getan hatte, obwohl bei ihr wegen meiner beruflichen Tätigkeit mehr Grund zur Beunruhigung gewesen wäre.
Wir wogen alle Vor- und Nachteile der verschiedenen pränatalen Diagnostikmöglichkeiten genau ab und entschlossen uns, in der 20. Woche eine große Ultraschalluntersuchung durchführen zu lassen, wie das auch bei Rosa der Fall gewesen war. In der 16. Woche wurde bei mir ein Gestationsdiabetes festgestellt, was mich ziemlich aus dem Gleichgewicht brachte. Am Morgen der großen Ultraschalluntersuchung war ich sehr nervös und sagte zu meinem Mann: »Wir gehen hier so einfach zum Babyanschauen ... was ist eigentlich, wenn etwas ist mit dem Kind ...?«
Beim Termin dann Routine: »Guten Tag, legen Sie sich bitte hierhin, jetzt wird es kühl«, ... dann der Ultraschallkopf. »Hier ist der Kopf, da die fünf Finger, hier der Oberschenkel, Wirbelsäule, Harnblase ... wollen Sie wissen, was es wird?« Wir hatten schon selbst gesehen, dass es ein Junge werden würde. »Dort ist das Herz, die Vorhöfe ...«
Es folgte Schweigen. Immer weiter wurde das Herz untersucht, kein Wort mehr zu uns, ich musste mich auf die Seite legen. Zuerst dachte

ich, das Kind läge ungünstig und der Arzt könne einfach nicht alles sehen, doch die Zeit wurde immer länger und ich immer nervöser. Endlich durfte ich aufstehen und wir wurden gebeten, Platz zu nehmen. Da erschrak ich richtig, denn mir wurde klar, dass dies nicht zur üblichen Routine gehört, bei der man ein hübsches Foto vom Ungeborenen in die Hand gedrückt bekommt mit den besten Wünschen für die Zukunft.

Statt dessen wurden wir nüchtern und langatmig mit Hilfe einer Skizze darüber aufgeklärt, dass unser Kind einen schweren Herzfehler hatte. Der Arzt informierte uns, dass es hervorragende Operationstechniken gäbe, die im Erfolgsfall ein beinahe ungehindertes Aufwachsen des Kindes ermöglichten. Es gäbe allerdings auch eine mögliche Korrelation dieses Herzfehlers mit einem chromosomalen Defekt, der noch weitere Behinderungen mit sich bringen könnte. Der Arzt riet uns deshalb zu einer genetischen Untersuchung noch am selben Tag, da ein Feiertag bevorstand und wir doch möglichst bald Gewissheit haben wollten.

Ich war völlig schockiert, fassungslos, meine Gedanken drehten sich im Kreis, der Boden entzog sich meinen Füßen. Wie in Trance stimmte ich der vorgeschlagenen Plazentazentese zu. Der Arzt drängte zur Eile. Es war gerade noch Zeit, die Versorgung unserer Tochter zu regeln, und schon waren wir auf dem Weg in die nahe gelegene Klinik, wo der Eingriff ambulant vorgenommen werden sollte. Dort herrschte Hektik und Betriebsamkeit, keine Zeit für ein freundliches Wort und sehr langes Warten, bis es endlich soweit war. In dieser Wartezeit stürzten die Gedanken über mich herein: Was ist, wenn das Kind schwer behindert ist? Können wir ein Leben mit einem so kranken Kind meistern? Welche Verantwortung haben wir gegenüber unserer gesunden Tochter? Und immer wieder die Vorstellung, im falschen Film zu sein: Das sind nicht wir, denen das jetzt passiert … das darf doch alles nicht wahr sein! Hoffentlich bleibt es »nur« bei dem Herzfehler … Dann hatten wir eine sehr unerfreuliche Begegnung mit einem offensichtlich überarbeiteten und von der Situation menschlich überforderten Arzt. Trotzdem ließ ich die Punktion über mich ergehen, um es hinter mich zu bringen und um endlich meine Ruhe zu haben.

Nach drei endlosen Tagen und Nächten bekamen wir die gute Nachricht, dass das Kind keinen genetischen Schaden hatte. Wir schöpften Hoffnung und besorgten uns alle verfügbaren Fachinformationen über den Herzfehler unseres Kindes. Dabei und bei späteren Gesprächen mit den Kinderkardiologen stellte sich auch heraus, dass unsere Sorge bezüglich eines genetischen Defekts nahezu unbegründet gewesen war, da es in der Fachliteratur keine Anhaltspunkte für einen Zusammenhang mit dieser Art von Herzfehler gibt. Dies wird mir für die Zukunft eine Lehre sein, keine überstürzten Entscheidungen mehr zu treffen bzw. mir aufdrängen zu lassen.

Ab jetzt hatte ich nur noch das Ziel, für unser Baby alle Chancen zu nutzen und so gut wie möglich vorbereitet zu sein. Viel Verständnis und Unterstützung fanden wir bei den Fachärzt(inn)en, die uns auf unserem weiteren Weg betreuten.

In der folgenden Zeit träumte ich viel von unserem Kind, auch seinen Namen. Lorenz sollte er heißen. Natürlich träumte ich, alles sei ein Irrtum, die Kinderkardiologin würde bei der nächsten Untersuchung sagen: »Was haben Sie denn, ist doch alles wunderbar.« Andererseits beschäftigte ich mich auch in meinen Tagträumen viel damit, wie es wohl nach der Geburt sein würde, wie er die Operation überstehen und wie die lange Zeit in der Klinik mit ihm werden würde … Ich war traurig, dass ich keine unbeschwerte Neugeborenenphase mit Lorenz haben würde, dass seine Schwester nicht bei ihm sein können und viel auf mich würde verzichten müssen. Ich hatte Angst vor den Belastungen und natürlich auch davor, dass etwas schief gehen könnte. Unsere Information war, dass 90 % der Kinder mit »nur« diesem Herzfehler, der so genannten Transposition der großen Gefäße, nach einer entsprechenden Operation so gut wie gesund seien und entsprechend normal aufwachsen könnten. 5 % der Kinder müssten mit Komplikationen rechnen und die restlichen 5 % bei oder um die Operation herum sterben.

In der Zeit vor Lorenz' Geburt war ich »guter Hoffnung« im wahrsten Sinne des Wortes, sicher auch wegen meiner Eigenschaft, auf Probleme zuzugehen: Ich versuchte mich auf alle Eventualitäten vorzubereiten. Dieser positive Aktionismus half mir sicher dabei, die Schwangerschaft relativ guten Mutes zu überstehen. Außerdem hatte ich auch noch einen beruflichen Abschluss zu absolvieren, und wir mussten erfahren, dass meine Mutter unheilbar an Krebs erkrankt war. Ich hatte also gar nicht die Möglichkeit, nur um mein eigenes Problem zu kreisen.

In den letzten sieben Wochen der Schwangerschaft hatte ich viel Zeit für meine Tochter und auch für Lorenz. Ich verglich ihn mit seiner Schwester im gleichen Alter, malte mir aus, wie es werden würde, wenn er erst einmal zu Hause war ... Weihnachten, dachte ich, könnten wir zu viert zu Hause verbringen. Allerdings kam mir, wenn er sich bewegte, auch immer der Gedanke: »Strample du nur, solange es dir noch so gut geht. Wenn du 'rauskommst, wird es erst mal hart für dich.«

Je näher der Geburtstermin kam, desto mehr ängstigte mich der Gedanke, dass ich das Kind gleich nach der Geburt hergeben musste. Die Ärzte versicherten mir, dass ich Lorenz seinem Zustand entsprechend kürzer oder länger in den Armen halten, möglicherweise auch anlegen dürfte. Aber meine Angst und meine schrecklichen Träume blieben.

Neun Tage nach dem errechneten Termin kündigte sich Lorenz endlich an. Meine Nerven lagen ziemlich blank nach der langen Warterei mit den vielen engmaschigen Kontrolluntersuchungen, bei denen ich mich ständig gegen das Einleiten der Geburt wehren musste. Deshalb war ich erleichtert, dass es nun endlich losging. Im Auto, auf dem Weg in die Klinik, hatte ich ein merkwürdiges Erlebnis: Für eine mir unendlich lang erscheinende Zeit, vielleicht waren es ein oder zwei Minuten, spürte ich Lorenz nicht mehr! Mir lief es kalt den Rücken hinunter, ich spürte eine schreckliche Stille. Eine Schrecksekunde lang dachte ich: Jetzt ist alles aus! Doch dann kam der erlösende kleine Tritt, und ich atmete auf.

In der Klinik wurde ein CTG gemacht: Alles in Ordnung. Lorenz hatte paradoxerweise immer bessere Herztöne als seine Schwester. Die Geburt war für mich nicht einfach; ich merkte, dass ich Schwierigkeiten hatte, meinen kleinen Lorenz loszulassen.

Mühsam kam Lorenz in den frühen Morgenstunden auf die Welt, und alles kam ganz anders als erwartet. Es ging ihm sehr schlecht. Es herrschte eine unheimliche Stille, nur ein kleiner Laut war von ihm zu hören, und schon war er im Nebenzimmer zur intensivmedizinischen Betreuung. Ich war zu müde, um viel zu denken oder zu empfinden. Heute noch laufen die Geschehnisse vor meinem inneren Auge wie ein verschwommener Film in Zeitlupe ab. Einige Zeit später kamen die Kinderärzte mit Lorenz im Transportinkubator zu mir, gratulierten mir, zeigten mir meinen mittlerweile recht rosigen Sohn und erklärten, dass sie ihn jetzt leider gleich mitnehmen müssten, da sein Zustand nicht besonders gut sei. Er habe Blutungen, die sie sich nicht ganz erklären könnten.

Ich fühlte mich einfach nur schwach, leer und wie betäubt, nichts von der freudigen Euphorie, die ich nach Rosas Geburt erleben durfte. Dann überschlugen sich die Ereignisse. Noch im Kreißsaal kam der Anruf, wir möchten doch, wenn möglich, in die Kinderintensivabteilung kommen. Anders als ursprünglich geplant sollte Lorenz zu einem Eingriff am Herzen verlegt werden, um seine Sauerstoffversorgung zu verbessern.

Obwohl so viele Ärzte und Schwestern mit Lorenz beschäftigt waren, konnten wir glücklicherweise in dieser Stunde, in der er transportfertig gemacht wurde, seine Hand halten und die ganze Zeit bei ihm sein. Dann war er weg und es hieß warten und hoffen, ein wenig ausruhen. Der Versuch abzuschalten misslang. Um 7 Uhr kam der Anruf, der alle Hoffnung zerstörte. Lorenz ging es noch schlechter: keine vernünftige Sauerstoffsättigung im Blut, Hirnblutungen. Mein Mann machte sich sofort auf den Weg zu ihm. Eine Stunde später war klar, dass ich mich beeilen musste, wenn ich ihn noch lebend sehen wollte. Der Schock machte es möglich, dass ich in Windeseile ein Taxi bestieg. Zwar wusste ich gar nicht wie mir geschah, und konnte gar nicht glauben, dass ich in diesem grausamen Film mitspielte. Aber dem Taxifahrer, der mich zu trösten versuchte, konnte ich glasklar mitteilen, dass mein Sohn gerade im Sterben lag.

Die letzten Stunden mit Lorenz sind sehr schwer zu beschreiben. Es waren ja auch seine ersten Lebensstunden und er hatte schon so viel mitmachen müssen. Sein kleiner geschundener Körper hatte Schmerzen, er war an all diese Maschinen angeschlossen und ich hatte Mühe, eine körperliche Beziehung aufzubauen. Die Situation hatte etwas eigentümlich Unwirkliches, und doch war alles schreckliche

Realität, in der ich mich wie automatisch bewegte. Natürlich hielten wir seine Hand und streichelten sein Köpfchen; ich hätte ihn am liebsten in die Arme genommen und habe es hinterher bedauert, dass ich nicht auf die Idee kam, danach zu fragen. Mehr oder weniger untätig konnten wir nur noch zusehen, wie sein kleines Leben immer weniger wurde, doch glaube und hoffe ich, dass Lorenz unsere Nähe spürte. Immer wieder warfen wir bange Blicke auf die Monitore, bis es nach nur zehn Stunden ganz vorbei war. Zu der tiefen Traurigkeit und dem Entsetzen der letzten Stunden mischte sich nun auch ein wenig Erleichterung, dass der Kleine wenigstens nicht mehr leiden musste.

Ein erstes und gleichzeitig letztes Mal wuschen wir ihn und konnten ihn endlich in unseren Armen halten. Im Nachhinein bin ich traurig, dass wir uns dafür nicht noch mehr Zeit nahmen. Gegen die Skepsis der Ärzte und Schwestern konnte ich es glücklicherweise durchsetzen, dass auch Rosa bei ihrem Bruder sein durfte. Wir hatten eine sehr intensive Zeit des Abschieds miteinander, die auf eigentümliche Art und Weise auch schön war. Ich glaube, mein Mann und ich waren uns selten so nah wie in diesem Moment.

Ich hätte die Zeit so gerne angehalten, und es fiel mir sehr schwer, die Klinik ohne meinen Sohn zu verlassen. Ihn dort liegen zu lassen und nichts mehr für ihn tun zu können, war entsetzlich. Mich selbst und meinen Körper habe ich nicht mehr gespürt. Hätte mir jemand befohlen, jetzt einen Dauerlauf zu machen, wäre ich wahrscheinlich bis zum Umfallen gelaufen, ohne irgendetwas zu merken. Man bot mir an, in der Entbindungsklinik auf einer anderen Station zu bleiben, aber ich wollte nur nach Hause. Eins habe ich mir auf dem Rückweg geschworen, und ich bat auch meinen Mann darum: Lorenz' Leben und die Momente mit ihm durften nicht umsonst gewesen sein!

Abends um zehn schlief ich nach den schwersten zweiundvierzig Stunden meines Lebens völlig erschöpft ein.

Das Aufwachen am nächsten Morgen traf mich wie ein Blitzschlag: »Es ist alles so geschehen! Es ist kein Alptraum, aus dem du endlich erwacht bist!« Trotzdem war ich noch wie betäubt, jede Bewegung war unheimlich anstrengend. Den ganzen Tag führten mir gleißende lichte Augenblicke im Nebel das Geschehene immer wieder vor

Augen. Am Telefon berichtete ich relativ nüchtern über alles, und mir wurde nur selten bewusst, dass ich über mich redete. Erst drei Tage später konnte ich richtig langanhaltend und ausgiebig weinen. Zuerst war es schrecklich, doch dann merkte ich, dass es mir gut tat, meinen Gefühlen freien Lauf zu lassen.

Der Gedanke, mein Kind beerdigen zu müssen, war fürchterlich. Wir suchten lange nach einem passenden Ort, der mir das Gefühl gab, dass Lorenz dort gut aufgehoben war. Diese Suche war sicher auch ein Prozess des Loslassens, der mir umso schwerer fiel, als ich Lorenz nie lebend in den Armen gehalten hatte. Ich hatte das Gefühl, einen Teil von mir begraben zu müssen. Noch Wochen nach Lorenz Geburt fühlte ich mich wie amputiert, als ob jemand mir meine Seele aus dem Leib gerissen hätte. Dieses Sehnen nach seiner Nähe, eigentlich ein körperlicher Entzug, war neben dem seelischen Leid und den normalen Beschwerden nach einer Entbindung, die mir den Verlust oft noch einmal extra bewusst machten, sehr schwer zu ertragen.

Es war mir ein großes Bedürfnis, die Beerdigung sehr sorgfältig vorzubereiten und alle Schritte mitzubestimmen. Dadurch hatte ich das Gefühl, wenigstens etwas für mein Baby tun zu können. Der Bestatter war sehr überrascht und sagte, er habe noch nie eine Mutter erlebt, die sich in diesen Dingen so für ihr verstorbenes Kind engagierte. Früher hatte ich ja selbst nicht ganz verstanden, wozu ein großer Aufwand bei einer Beerdigung gut sein sollte. Es machte den Toten weder wieder lebendig noch hatte er selbst irgendetwas davon. Bei Lorenz' Trauerfeier durfte ich erfahren, wie wohltuend und tröstend der Beistand zahlreicher Freunde und Verwandten sein kann, wenn die Anteilnahme ehrlich ist! Trotz unserer grenzenlosen Traurigkeit habe ich diesen Tag beinahe schön in Erinnerung, da ich mich ein wenig getragen und in der Gemeinschaft geborgen fühlte.

Eine Woche nach der Beerdigung musste mein Mann wieder arbeiten, und so langsam begann der Alltag. Es war sehr schwer zu »funktionieren«. Meine damals zweieinhalbjährige Tochter forderte ihr Recht, abgesehen davon, dass auch sie einen schweren Verlust zu verarbeiten hatte. Glücklicherweise war Rosa in einer Spielgruppe, sodass für mich vormittags Zeit zum Trauern blieb. Ich verschlang Bücher, hörte Musik und weinte sehr viel. Ab Mittag setzte ich dann mein »Gesicht für draußen« auf, holte Rosa ab und versuchte für sie da zu sein, was je nach Verfassung unterschiedlich gut glückte. Die Haltung einigermaßen zu wahren war sehr kraftraubend. Wege durch den Ort, die Stunden am Spielplatz wurden zu einem Spießrutenlauf. Wenn ich aus dem Haus ging, machte ich mir Sorgen, ob ich ungeschickten Fragen, unbeholfenen Trostversuchen oder auch hilflosem, trotzdem sehr verletzendem Schweigen gewachsen sein würde. Des öfteren musste ich hören: »Wer weiß, wozu es gut war. Er hatte ja eh einen Herzfehler«, oder auch: »Na ja, dann beim nächsten Mal.« Wenn ich nur von Weitem jemanden sah, der noch nichts von Lorenz' Tod wusste, bekam ich schon Schweißausbrüche und Herzrasen.

Es gab aber auch echte, wohltuende Anteilnahme. Selbst Menschen, die Gleiches nicht erlebt hatten, waren in der Lage, ihr Mit-Leid und ihre Betroffenheit auch ohne Worte auszudrücken. Ich denke besonders an eine Freundin, die mich unermüdlich anrief, einlud, mir Rosa abnahm und vor allem keine Angst vor mir und meiner Trauer hatte (und damit wohl auch nicht vor ihrer eigenen), die bereit war, meine Gefühle mit mir auszuhalten. Dafür werde ich ihr immer sehr, sehr dankbar sein!

Eine große Hilfe wurde uns die Gruppe der »Verwaisten Eltern«. Wir kamen glücklicherweise schon eine Woche nach Lorenz' Tod zu einem ersten Treffen und fühlten uns sehr angenommen. Es war so wohltuend, nicht mehr allein zu sein, ganz unterschiedliche Menschen kennen zu lernen, die die Trauer um ein verlorenes Kind verband. Viele Probleme, die mit der Umwelt und auch in Partnerschaft und Familie auftraten, konnten hier besprochen werden. Außerdem bekamen wir durch die regelmäßigen Treffen immer wieder neue Anstöße, uns mit unserer Trauer und unseren Problemen zu beschäftigen und sie nicht im Alltag untergehen zu lassen. Für mich waren die Stunden auch immer eine Zeit für Lorenz.

Nicht nur bei uns konnten wir feststellen, dass die Zeit der Trauer eine große Herausforderung für eine Partnerschaft ist. Bei uns sind zwar keine neuen Probleme aufgetreten, von denen wir vorher nichts gewusst hätten. Aber wir waren beide mit unseren Kräften am Ende, und dann ist es schwer, Toleranz zu üben und Verständnis für den anderen zu haben. Besonders schwer war und ist es für mich, dass mein Mann anders um unser Kind trauert als ich. Seine Art, mit seinen Gefühlen umzugehen, ist einfach eine andere – wir streiten zum Beispiel, weil ich ihm vorwerfe, zu verdrängen –, und seine Beziehung zu Lorenz natürlich auch. Er hat ihn ja nur ein paar Stunden erlebt, während Lorenz mir in neun Monaten Schwangerschaft ans Herz gewachsen ist. Oft fühlte ich mich allein mit meiner tiefen Traurigkeit, was ich meinem Mann vorwarf. Unser altes Problem, uns über unsere Gefühle zu verständigen, wurde extrem verstärkt und ließ mich oft zweifeln. Ich fühlte mich aber geborgen und aufgehoben bei ihm, wenn ich seine Betroffenheit spüren konnte und in der Lage war, seine Zuwendung anzunehmen. Wahrscheinlich werden wir unseren ganzen gemeinsamen Weg lang immer wieder neu lernen müssen, den anderen in seiner Art anzunehmen und sich auf ihn einzulassen. Wann immer dies in der Vergangenheit ein wenig glückte, konnte ich auch die Harmonie spüren, die ich mir wünsche.

In den ersten Wochen nach Lorenz' Tod war ich verzweifelt. Wie sollte es weitergehen, wie konnte ich auch nur den Tag bis zum Abend überstehen? Der Gedanke an die Zukunft war wie ein dunkler Tunnel, zumal zu diesem Zeitpunkt meine Mutter im Sterben lag. Das ganze Leben erschien so sinnlos! Ich hatte keine Antworten mehr. Warum passierte das ausgerechnet mir? Wut auf mein Schicksal verband sich mit Selbstvorwürfen. Konnte irgendetwas an dem Geschehen meine eigene Schuld sein? Es machte mich fast rasend, dass die Todesursache völlig ungeklärt war und blieb. Die Fachärzte standen ratlos, kopfschüttelnd und zum Teil auch fassungslos davor, dass sie nichts tun konnten, dass die Medizin hier versagen musste. Es hätte mir beinahe Erleichterung verschafft, zumindest mich als Schuldige ausmachen und strafen zu können.

Ganz langsam musste ich lernen, anzunehmen was geschehen war und mein Herz ganz weit zu machen. Dann ging es mir besser. Ganz allmählich begann ich die Dimension des Begriffs »Demut« zu erspüren. Man kann sich gegen das Schicksal nicht wehren, sondern muss damit leben.

Und noch eine Entdeckung machte ich, die mich gleichzeitig erschreckte und motivierte. Ich hatte in meinem Leben schon einmal

Trauerarbeit geleistet. In meiner Jugend hatte es Zeiten gegeben, in denen ich keinen Sinn mehr in meinem Leben sah. Diese Zeiten hatte ich überstanden und war zwischenzeitlich zu einem recht frohen Menschen geworden. Nun haderte ich zwar, dass es mir wieder so schlecht gehen musste, konnte aber aus meiner Erfahrung auch Hoffnung schöpfen. Auch diese schwere Zeit würde ich überstehen, und am Ende würde auch wieder Schönes auf mich warten.

Dann starb meine Mutter. Innerhalb von drei Monaten wurde ich zum zweiten Mal mit der grausamen, unwiderruflichen Endgültigkeit des Todes konfrontiert. Mein Vater, meine Geschwister und ich waren bis zuletzt bei ihr. Ich war ergriffen davon, dass der Tod sich in so unterschiedlichen Situationen so ähnlich ist. Der Tod meiner Mutter war der Tropfen, der das Fass endgültig zum Überlaufen brachte. Ich war physisch und psychisch völlig erschöpft; so kraftlos habe ich mich in meinem ganzen Leben noch nicht gefühlt. Das Heben des Armes, selbst das Luftholen wurde zur großen Anstrengung. Das Schlimmste aber war die absolute Hoffnungslosigkeit, die mich überfiel. Hatte ich bisher am Ende eines langen Tunnels noch einen kleinen Lichtschimmer gesehen, war ich nun in einer dunklen Sackgasse gefangen.

Nachdem ein wenig Zeit verstrichen war und ich mich zumindest körperlich wieder etwas erholt hatte, verreisten wir ein paar Tage, um ein bisschen abzuschalten. Auf dieser Reise besuchten wir eine Kunstausstellung, die mir immer im Gedächtnis bleiben wird. Nie zuvor hatte ich Kunst so intensiv erfahren! Ich war körperlich ergriffen vom Wunder und vom Ausdruck der ausgestellten Werke. Schlagartig wurde mir klar, dass mich das Leid sehr empfindsam gemacht hatte, und zwar auch für die schönen Dinge des Lebens. Ich konnte feststellen, dass mein Leben dadurch intensiver und reicher geworden war. Ich atmete wieder etwas auf, ich konnte wieder hoffen.

Das Jahr nach Lorenz' Tod war geprägt von Phasen unendlicher Traurigkeit, Hoffnungslosigkeit und dem Gefühl, verlassen zu sein, aber auch von sehr intensiven positiven Erlebnissen und menschlicher Nähe. Lorenz' kurzes Leben war nicht umsonst! Ich habe viel durch ihn gelernt (lieber hätte ich dies auf andere Art und Weise getan); mein Leben, meine Perspektiven und Wertigkeiten haben sich geändert. Auch bin ich heute in der Lage, Dinge, die mir wichtig sind, besser zu erkennen und durchzusetzen.

Auch unsere Familie hat Lorenz verändert, und er wird immer ein Teil von ihr sein. Wie nur wenige Kinder ihres Alters hat Rosa lernen müssen, nicht nur mit ihren eigenen Gefühlen, sondern auch mit den Gefühlsschwankungen ihrer Mutter umzugehen. Vor allem war und ist es sicher schwer für sie, meine »Launen« zur rechten Zeit nicht auf sich zu beziehen und sich nicht verantwortlich zu fühlen.

Wir haben noch einmal gewagt zu hoffen und mittlerweile einen weiteren Sohn bekommen. Erstaunlicherweise habe ich gerade kurz nach Antons Geburt noch einmal die riesengroße Lücke gespürt, die Lorenz hinterlassen hat. Es war wieder sehr schmerzlich, aber auch gut zu erfahren, dass Lorenz seinen Platz in unserer Familie besitzt. Es wird eine Herausforderung sein, Anton zu vermitteln, dass er einen älteren Bruder hat.

Sehr traurig hat mich unsere Umgebung gemacht, die Mühe hat zu akzeptieren, dass Anton unser drittes Kind ist. Viele Menschen neigen anscheinend dazu, unangenehme Dinge möglichst schnell zu vergessen. Sie merken dabei nicht, wie verletzend dieses Vergessen ist und wie zerstörerisch das Verdrängen sein kann. Ich denke, wir als Familie und als Individuen haben nur dann eine Chance, glücklich zu sein, wenn wir immer wieder versuchen, an die Wurzeln unserer Gefühle zu kommen, sie auszuleben und unser Sosein zu akzeptieren. Auf diesem Weg wird Lorenz mich und uns immer begleiten.

Franziska Offermann (34 Jahre)

Sarah und Simon

*Iris und Werner trauern um zwei Kinder. Sarah wurde am 26. März
1998 in der 20. Schwangerschaftswoche geboren. Simon war 22 Wochen alt, als er am 3. Oktober 1999 zur Welt kam. Beide Male öffnete sich der Muttermund ohne erkennbaren Grund. In Gedichten
und einem Lied fand Iris ihren Weg, das Unsagbare zu sagen.*

lange vorausgedacht, geplant, erwünscht, gewollt
willkommen geheißen, erwartet worden

Deinen Umriss erahnt, deinen Namen gesucht
nach Klopfzeichen gelauscht

Plötzlich vor die Tür gesetzt
meiner Liebe entrissen
abgestoßen, weggeworfen

Mein Körper tut, als wäre nichts gewesen
feindlicher Fremder
ich hasse ihn dafür

das kleine Hemd in den Flur gehängt
als Fahne für dich
meine Proklamation
Du BIST

Jetzt sagen sie: Ach, es wäre ein Junge gewesen
Aber du bist mein Kind, noch immer real
ich verlasse dich nicht
sie müssen dich anerkennen

Es war ein Junge

nie so hilflos gewesen
nie so ausgeliefert
nie so verzweifelt gekämpft
festhalten wollen mit aller Kraft
zum Loslassen gezwungen worden

schützen wollte ich dich, bergen bei mir
morgens und abends, erstes und letztes
dachte, uns beiden könne nichts passieren
nicht noch einmal
nicht dieses Mal
nicht du
wieder ging die Tür auf
lautlos
wieder geraubt
auch du

Ich will dich wiederhaben
in meinem Schoß
du gehörst nirgendwo anders hin
bist trotzdem fort
will mich nicht damit abfinden
bringt meine Rebellion dich nicht zurück?

eingesperrte Wasser
lautloser Wellenschlag
tränenschwer
einmal am Tag öffne ich die Schleuse
gerade so lange, dass ich nicht ertrinke

heute keinen Mut gehabt
zum Schwimmen keine Kraft
am leeren Haus vorbei gegangen
du wohnst nicht mehr in mir

nachts treten die Wasser über ihre Ufer

Gebet

(1) Hab mich Dir verschrieben.
Es gibt kein Zurück
Bin nah bei Dir geblieben
weiß, Du willst mein Glück.
Doch ist mir widerfahren, was ich nie verstehen kann.
Ich hätt Dein Wunder so gebraucht. Warum tust Du mir das an?

Ref. Und ich schreie laut um Hilfe
glaube nicht, dass Du mich hörst
finde keinen Trost in Dir
als ob Du Dich von mir kehrst
und ich wehre mich gegen Dich, klage Dich an
doch irgendwann
komm ich zur Ruhe in Deinem Arm

(2) Kann Dich nicht verstehen
weiß nicht mehr, wohin
Umsonst war jedes Flehen
obwohl ich Dein Kind bin
Ich fühle mich betrogen, ums Innerste beraubt
da ist kein Sinn, da ist kein Trost,
und ich hab so an Dich geglaubt.

Ref. Und ich schreie laut um Hilfe
hör mich doch, öffne Dein Ohr
ich finde keinen Halt in Dir
komme mir verlassen vor
und ich wehre mich gegen Dich, klage Dich an
doch irgendwann
komm ich zur Ruhe in Deinem Arm

(3) Wo hast Du Dich verborgen?
Wo war Deine Hand?
Wann kommt ein neuer Morgen?
Wo ist die eine Spur im Sand?
Am Ende aller Fragen wirst Du die Antwort sein.
Am Ende meiner Klagen seh ich vielleicht Dein Schweigen ein.

Ref. Und ich schreie laut um Hilfe
       wo ist der Gott, der mich liebt?
       ich warte auf ein Wort von Dir
       das mir neue Hoffnung gibt
       und noch wehr' mich gegen Dich, klage Dich an
       doch irgendwann
       komm ich zur Ruhe in Deinem Arm

(4)   Reiß die bitt're Wurzel aus
       die Pflanze ist noch klein
       Heiliger Geist, bring mich nach Haus
       Lass meinen Widerstand sinnlos sein

Ref. Und ich schreie laut um Hilfe
       wo ist der Gott, der mich liebt?
       ich warte auf ein Wort von Dir
       das mir neue Hoffnung gibt
       und noch wehr' mich gegen Dich, klage Dich an
       doch irgendwann
       komm ich zur Ruhe in Deinem Arm
       ich komm zur Ruhe in Deinem Arm
       ich komme zur Ruhe in Deinem Arm

Iris (35 Jahre) und Werner Plischke (42 Jahre)

Warum musste mein Kind so leiden?
Tod durch Krankheit

Im Jahr 1998 kamen in Deutschland über 15.000 Kinder und junge Erwachsene durch Krankheit ums Leben: Gehirntumor, Leukämie, Krebs, Aids, Asthma, Herzerkrankungen ... Ihre Eltern haben meist die Zeit und die Möglichkeit, den Verlust ihres Kindes Schritt für Schritt zu erleben: Zeit für den Abschied und zugleich für das erschöpfende Wechselbad der Gefühle zwischen Hoffnung und Verzweiflung, Aufatmen und Rückschlägen. Am Ende bleiben Ohnmacht, Trauer, viel Liebe und manchmal auch Dankbarkeit.

Siegrid

Was bleibt ist die Erinnerung an glückliche gemeinsame Jahre mit unserer Tochter, und eine Gewissheit: Das Band der innigen Liebe ist durch nichts – auch nicht durch den Tod – zu zerstören.
Aus einem zufriedenen, sorglosen Leben wird man jäh herausgerissen. Gemeinsam kämpft man gegen die schwere Krankheit. Der Ehemann und die zwei anderen Kinder vermitteln Lebensfreude, so gut es möglich ist. Man macht dem erkrankten Kind und sich selbst immer wieder Mut und Hoffnung. Der Gedanke: »Warum ist mein Kind so krank und nicht ich?«, quält einen immerfort. Unfassbar, wenn die Ärzte aufgeben. Man sucht nach Alternativen, hofft auf ein Wunder und ist erstaunt, mit welcher Kraft und Zuversicht das geliebte Kind um sein Leben kämpft. Man spürt, dass es den Kampf aus Liebe zu seiner Familie aufnimmt.
Und dann der Tod, das endgültige Schweigen.
Der Schmerz sitzt so tief, alles tut so weh, am Anfang stehen nur Ohnmacht und Verzweiflung. Man weiß, dass es ohne den geliebten Menschen weitergehen muss, irgendwie weitergehen wird ... Aber die große Lücke klafft immer deutlicher, der Schmerz nimmt fast die Luft zum Atmen. Die Erkenntnis gewinnt Raum, dass nichts mehr

sein wird, wie es einmal war. In großer Dankbarkeit für die schöne Zeit versucht man in dieser Welt weiterzuleben, vertraut auf ein Wiedersehen in einer anderen Welt. Denn: »Die Liebe hört niemals auf« (1 Kor 13) und ist unser ständiger Begleiter. In dieser schweren Lebenskrise ist es gut, zusammen mit anderen vom gleichen Schicksal betroffenen Eltern betreut zu werden. Verständnis füreinander ist in dieser Gemeinschaft spürbar, und man fühlt sich in der großen Trauer nicht so allein gelassen.

Marga Normann (64 Jahre)

Elena

Am Boden brennen Kerzen für jedes verstorbene Kind. Zum ersten Mal sitzen wir im Kreis verwaister Eltern und erzählen unsere Geschichte fremden Menschen, die nichts über uns wissen, die unsere Tochter nicht kannten. Wir erzählen, man hört uns zu, und allmählich verschwindet die Fremdheit und macht tiefem Vertrauen Platz. Mitgefühl und Verständnis für das vergleichbar Erlebte wird spürbar. Mein Mann und ich erzählen 15 Monate Leben im Zeitraffer – die Geschichte unserer Tochter Elena, die zu unserer eigenen Geschichte geworden ist und unser Leben lang dauern wird.
Im Alter von sechseinhalb Monaten beginnt Elena plötzlich nach dem Stillen zu spucken. Ganz langsam, kaum wahrnehmbar für andere, geht eine Veränderung in ihr vor. Unser bis dahin lebhaftes, sehr waches Kind lacht weniger, wird stiller und nimmt schließlich nicht mehr an Gewicht zu. In großer Sorge suche ich verschiedene Ärzte auf und lasse mich gerne von ihnen beruhigen: ein zierliches Kind, das wie jedes Kind nach dem Trinken etwas spuckt, mit einer zierlichen, überängstlichen Mutter.
An einem trüben Novembertag, an dem der erste Schnee in Elenas Leben fällt, gehen wir ins Krankenhaus zu einer ambulanten Untersuchung und dürfen nicht mehr nach Hause. Sechs Ärzte kommen in unser Zimmer und teilen uns die Diagnose mit: Gehirntumor, wahr-

scheinlich bösartig. Vier Tage später folgt die Operation. Um 8 Uhr morgens legen wir unser Kind in die Arme des Anästhesisten, der es liebevoll in eine stahlblaue Decke einwickelt und mit ihm weggeht. Wir wissen nicht, ob wir Elena lebend wieder sehen werden. Nach acht Stunden wird unsere Tochter in die Intensivstation zurückgebracht. Sie erholt sich erstaunlich schnell von diesem gewaltigen Eingriff, der nach Meinung der Ärzte keine bleibenden Schäden verursacht hat. Jedoch konnte der Tumor nicht vollständig entfernt werden. Der Befund lautet Plexuskarzinom, ein bösartiger, aggressiver Tumor, der bei Kindern weltweit nur 25 Mal dokumentiert ist. Das bedeutet keine medizinische Erfahrung und schon gar keine festen Behandlungsprotokolle. Ich frage nicht, was aus den 25 Kindern geworden ist. Ich klammere mich an den Gedanken, es könne, selbst wenn alle 25 Kinder gestorben sind, vielleicht jedes 26. Kind gerettet werden. Wir stimmen einer Chemotherapie zu, die Experten uns nach umfangreichen Erkundigungen als einzige Behandlungsmöglichkeit nennen.

Unser Leben besteht fortan aus mehrtägigen Aufenthalten auf der Kinderkrebsstation und dreiwöchigen Chemopausen zu Hause, die von Arztbesuchen, regelmäßigen Blutuntersuchungen und manchmal auch weiteren Krankenhausaufenthalten unterbrochen werden. Erstaunlich, wie wir uns in kürzester Zeit an dieses Leben gewöhnen und trotz aller Belastungen freuen können: auf das Ende jeder Chemotherapie, auf die Tage zu Hause, über gute Blutwerte, über die freundschaftlichen Begegnungen auf der Station, über das Lachen unseres Kindes und über jeden Entwicklungsschritt. Elena verträgt die Chemotherapie glücklicherweise sehr gut und entwickelt sich normal. Sie ist nur sehr, sehr zierlich. Ich wünsche mir, dass sie mehr isst. Meine Angst, dass sie wieder anfängt zu spucken, ist unbeschreiblich und verfolgt mich bis heute in meinen Träumen.

Wenn Elena mich mit ihren riesigen dunklen Augen ansieht, ist dies nicht der Blick eines einjährigen Kindes. Es liegt so eine Tiefe, so viel Wissen und Weisheit darin.

Die Behandlung scheint erfolgreich zu sein. Der Resttumor ist bald nicht mehr sichtbar und die Chemotherapie wird Ende Mai beendet. Aber bereits im Juli erfolgt der Rückfall. Der neue Tumor ist innerhalb

kürzester Zeit explosionsartig gewachsen und macht jede medizinische
Therapie sinnlos. Die Ärzte geben Elena allerhöchstens noch vier
Wochen. Die Schwestern stellen auch für meinen Mann ein Bett ins
Zimmer, sodass wir von da an immer zusammen sein können.
Elena stirbt genau vier Wochen nach der endgültigen Diagnose.

Ich erinnere mich an eine Mutter auf der Station, die mir sagte, sie sei
in ihrem tiefsten Inneren davon überzeugt, dass ihr Kind gesund werden würde. Ich schämte mich und hatte ein schlechtes Gewissen, weil
ich dieses tiefe positive Gefühl nicht spürte. Ich sah immer auch die
Schattenseite, den Tod, wenngleich diese Vorstellung unerträglich und
ich überzeugt war, ein Leben ohne mein Kind nicht mehr leben zu
können. Die Tochter dieser Frau ist zwei Jahre nach Elena gestorben.
Ich erinnere mich an eines der ersten Treffen unserer verwaisten Elterngruppe kurz vor Weihnachten. Wir erzählten wieder reihum unsere Geschichte, mittlerweile gerraffter als die ersten Male. Dann sprachen wir über die drohend bevorstehenden Festtage, über unsere
Angst und Ratlosigkeit, wie wir dieses erste Weihnachten ohne Kind
verleben könnten. Ich dachte an das Jahr davor, das für Elena das einzige Weihnachten bleiben sollte:
Erschöpft von der Operation und der ersten Chemotherapie betrachtet
sie die glitzernden Christbaumkugeln und schläft bald ein. Wir sind
glücklich, nach sechs Wochen Krankenhaus die Weihnachtstage gemeinsam zu Hause verbringen zu dürfen. Mein Vater sagt:»Im nächsten Jahr versteht sie mehr.« Ich antworte nicht, will nicht an das
nächste Weihnachten denken. Es macht mir Angst. Zukunftsgedanken
lasse ich nicht zu. Außerdem glaube ich, dass Elena viel mehr versteht
als wir glauben – mit der nur Kindern eigenen Sensitivität, die wir
Erwachsenen verloren haben.

In der Anfangszeit sah sich unsere verwaiste Elterngruppe häufig auch
zwischen den offiziellen Treffen, deren Abstände wir als viel zu lang
empfanden. Wir luden uns gegenseitig ein oder gingen zusammen zu
den Gräbern unserer Kinder. Diese gemeinsamen Friedhofsbesuche,
die kleinen Grabgeschenke der Eltern oder Geschwister erlebten wir
als Ehrerbietung, und sie wirkten so unendlich heilsam. Ich erinnere
mich, dass der Bruder eines verstorbenen Kindes eine Entenfeder fand

und sie stolz auf Elenas Grab legte, obwohl er sie selbst gerne behalten hätte. Ein anderes Kind brachte ihr eine Kastanie.

Ich erinnere mich an Elenas Geburt. Im Frühjahr des ersten Trauerjahres sprach ich in unserer Elterngruppe über meine Angst vor dem nahenden Geburtstag meines Kindes. Gedanken an die schöne Zeit der Schwangerschaft, an die Geburt, an das erste Sehen und Spüren wurden lebendig. Zum ersten Mal nach Elenas Tod erinnerte ich mich nicht an Krankheit, Chemotherapie und Tod, sondern an diese erste unbeschwerte, glückliche Zeit, die wir zusammen verleben durften: Elena wird am Sonntag, dem 5. Mai 1996 geboren und blickt in ihrer ersten Lebensminute überrascht mit großen Augen um sich – zum Erstaunen aller Anwesenden. Die Hebamme begrüßt sie mit den Worten:»Mein Sternchen, du schaust dir gelassen die Welt an.« Wie Recht sollte sie behalten ... Ich erinnere mich an die Stunden nach der Geburt, an dieses unglaubliche Glücksgefühl, das mir noch heute Herzklopfen macht, und an die erste Nacht, in der ich schlaflos und euphorisch daliege und es nicht fassen kann, nun Mutter zu sein. Mein Mann besucht uns täglich – überglücklich, mit feuchten Augen und so stolz auf seine schöne Tochter. Die Hebammen bezeichnen sie als kleines Persönchen, durchsetzungsstark und eigenwillig, wach und aufmerksam von Anfang an. Sie schläft wenig und ich habe immer das Gefühl, sie möchte nichts versäumen in ihrem Leben.

Eine Mutter der verwaisten Elterngruppe hatte die spontane Idee, uns an Elenas Geburtstag mit anderen Eltern zum Abendessen einzuladen. Mein Mann und ich waren überaus dankbar für diesen festen»Programmpunkt« und auch dafür, den Abend nicht allein zu Hause verbringen zu müssen. Im vertrauten Kreis war Platz für unsere Gefühle, und wir hatten die Gewissheit, bei allen auf Verständnis zu stoßen. Die Geburtstagskerze, die für Elena brannte, aber auch Lachen und Freude machten den Abend trotz unserer tiefen Trauer zu einem kleinen Fest.

Ich erinnere mich an Elenas ersten Geburtstag. Sie verbringt ihn im Krankenhaus mit einer Infektion und hohem Fieber. Wir beschließen daher, ihren Geburtstag eine Woche später am Tag ihrer Taufe zu feiern. Und glücklicherweise geht es Elena an diesem strahlenden, sommerlichen Maitag ausgezeichnet. Sie genießt es, im Mittelpunkt zu stehen und Schokoladentorte zu essen. In der Kirche spielt der Pater auf seiner Flöte das Lied »Amicitia«, und wir lesen den Text »Eure Kinder sind nicht Eure Kinder« von Khalil Gibran. Im Kreis von Familie und Freunden verbringen wir einen der glücklichsten Tage mit Elena.

Ich erinnere mich an die Angst vor Elenas wiederkehrendem Todestag, vor den damit verbundenen Erinnerungen an ihre letzte Lebenszeit und an unseren letzten gemeinsamen Urlaub, in dem die Krankheit wieder ausgebrochen war:
Nach dem Ende der Chemotherapie bekommt Elena eine schlimme Erkältung. Wir verschieben den geplanten Italienurlaub um ein paar Tage, dann halten wir es nicht mehr zu Hause aus und fahren trotz Erkältung los – in der Hoffnung, dass der Klimawechsel zur Genesung beiträgt. Elena hustet jedoch weiter und ist appetitlos, stiller als sonst und müde. Trotzdem scheint sie Strand und Meer zu genießen. Zum ersten Mal darf sie im Sand spielen, denn während der Chemotherapie waren Spielplätze und Sandkästen wegen der Ansteckungsgefahr verboten. Ich freue mich vielleicht noch mehr als sie.
In unserer zweiten Urlaubswoche erkennen mein Mann und ich plötzlich im selben Augenblick, dass Elenas Augen unterschiedlich groß sind, was auf eine beginnende Lähmung, also erneuten Tumor deuten kann. Wir spüren eine panische Angst, sprechen aber nicht darüber, um den anderen und uns selbst zu schonen. Mit all unseren Kräften versuchen wir, das wiedergewonnene »normale« Leben ohne Krankenhaus festzuhalten und beschließen stillschweigend, den Urlaub wie geplant fortzusetzen.
Drei Tage nach unserer Heimkehr bestätigen die Ärzte den Rückfall und teilen uns mit, dass sie ihre medizinischen Bemühungen einstellen müssen. Ich verstehe diese Aussage zuerst nicht oder kann sie in ihrem ganzen Ausmaß nicht erfassen, empfinde nur Verwirrung, Betäubung und eine sprachlose, tiefe Verzweiflung.
Wir hatten richtig entschieden, diesen letzten gemeinsamen Urlaub trotz aller Spannungen und Ängste nicht abzubrechen. Jeden Tag unserer Reise empfinde ich heute als Geschenk und als eine jener Quellen, die das Weiterleben nach Elenas Tod überhaupt möglich machen.

Ich erinnere mich an Elenas letzte Lebenswochen – für meinen Mann und mich die intensivste Zeit unseres Lebens:
Wir warten nicht auf den Tod. Wir leben jede Minute in einer bisher nicht erahnten Intensität. Es ist eine zeitlose Zeit. Wir erinnern uns nicht an Gewesenes und denken nicht an das, was nach Elenas Tod sein wird. Eine Zukunft existiert nicht. Sie hört in diesen Wochen auf zu existieren, um später mühevoll in kleinsten Schritten wieder neu geschaffen zu werden.
Der behutsame, für uns kaum spürbare Prozess des Loslassens, des Abschiednehmens, des Reifens wird von unserer Tochter gelenkt. Sie bestimmt das Tempo und zeigt uns den Weg – unendlich liebevoll und zart, für uns zuweilen gewaltig und schmerzlich.
Wir verbringen die Morgen- und Abendstunden dieser heißen Sommertage meist auf dem Balkon unseres Zimmers, der an ein altes Schweizer Sanatorium erinnert. Wir frühstücken gemeinsam in der Sonne, empfangen Besuch von Freunden und von anderen Kindern, die mit Elena spielen und mit ihr sprechen. Am Abend, wenn Elena schläft, sitzen wir im Dunkeln auf dem Balkon, genießen die Stille und lauschen dem Atmen unseres Kindes. Manchmal weinen wir. Manchmal lachen wir sogar.
Elena interessiert sich nicht mehr für Spielzeug und Bilderbücher, aber sie formt stundenlang aus Knetmasse kleine Kügelchen und malt unermüdlich mit Fingerfarben – mit einer Ausdauer und Ernsthaftigkeit, die für ein so kleines Kind völlig ungewöhnlich ist. Mit den bunten Knetkügelchen und dem wunderschönen Fingerfarbenbild hinterlässt sie uns ein einzigartiges Geschenk, und ich habe manchmal das Gefühl, genau das ist ihre Absicht.
An einem Nachmittag sitzen mein Mann und ich gemeinsam mit unserer Tochter auf dem Bett; wir beide weinen. Elena sieht uns an, krabbelt zum Kopfkissen, holt darunter ein Taschentuch hervor und hält es uns mit ernstem Blick hin. Wir sind gerührt und verblüfft: Unser 15 Monate altes Kind will uns trösten. Überhaupt macht Elena in ihren letzten Lebenswochen einen ungeheuren Reifeprozess durch. Sie ist kein kleines unbeholfenes Kind mehr. Sie ist in gewisser Weise selbstständig geworden.

Der körperlichen Unzertrennlichkeit der ersten Wochen folgt Elenas zunächst vorsichtiges, dann entschlossenes Loslassen – begleitet von Traurigkeit, Selbstbezogenheit und viel Liebe. In ihren letzten Lebenstagen nimmt sie meine Hand und schiebt sie wieder weg. Später will sie gar nicht mehr berührt werden. Sie hat sich in Liebe von uns gelöst, und wir lassen sie gehen – am 19. August 1997.

Ich frage, selbst drei Jahre nach Elenas Tod, immer noch nach dem Warum und verstehe nur langsam, dass niemand diese Frage beantworten kann, dass ich mit meiner Trauer leben und das Geschehen als das große Geheimnis meines Lebens akzeptieren muss.

Ich wollte ihr so vieles zeigen,
ich wollte ihr die Welt zeigen –
und dabei zeigt sie sie mir.

Angelika Andrae (38 Jahre)

Julia

Vor kurzem traf ich die Kindergärtnerin von Julia. Sie erzählte mir, dass sie sich noch ganz genau an Julia erinnert, auch noch an den Todestag. Sie schilderte mir den Tag in allen Einzelheiten. Sie sagte, wenn sie sich vorstelle, Julia wäre bei ihr im Kindergarten gestorben, dann wäre das ganz schlimm für sie.

Es freut mich immer, wenn Menschen sich an sie erinnern.

Ich habe vier Kinder, Julia ist das zweite. Sie hatte einen angeborenen Herzfehler und ist mit sechs Jahren gestorben. Ein paar Tage vorher ging es ihr schlechter. Da sie sich oft nicht gut fühlte, war es für mich nichts Außergewöhnliches. Aber hinterher erinnerte ich mich, dass sie mir gerade in diesen Tagen die Frage gestellt hatte: »Mami, wie entsteht denn das Leben?«

An ihrem Todestag fuhren wir vormittags zur Schulanmeldung. Das war ein besonderes Ereignis, auf das sich Julia schon lange gefreut hatte. Mein Mann hatte sich Zeit genommen, um auch dabei zu sein.

Danach wollte Julia noch in den Kindergarten. Aber von dort wurde ich bald angerufen, ich solle sie abholen, es ginge ihr nicht gut.

Sonst fuhren wir in solchen Situationen in die Klinik, aber in dieser Woche war »unsere« Ärztin verreist. Da sie uns im Laufe der Jahre eine gute Freundin geworden war, wollte ich die Fahrt in die Klinik lieber verschieben.

Die Zeit, bis ich Julia zum Mittagsschlaf ins Bett brachte, habe ich leider nicht schön in Erinnerung. Ich war überfordert und gereizt. Während sie schlief, nähte ich mit einer Freundin. Ich erinnere mich noch, dass gegen 16 Uhr meine Nervosität verschwand und ich eine große Ruhe und Leichtigkeit spürte.

Der Arzt sagte später, dass sie um diese Zeit gestorben ist.

Unser ältester Sohn war damals 9 ½ Jahre. Unsere beiden nächsten Kinder wurden bald geboren. Ich nahm mir nicht viel Zeit für die Trauer. Es gab viel Schönes zu tun.

Etwa 20 Jahre später verstarb die Tochter einer Bekannten. Wir beide waren in dieser ersten, für sie so schweren Zeit viel zusammen, und das war auch für mich sehr schön. Wir waren uns sehr nahe. Für mich kam in dieser Zeit die Trennung von meinem Mann dazu. Ich ging mit meiner Bekannten zu den »Verwaisten Eltern«; sie hatte die Adresse am Todestag ihrer Tochter von einem Pfarrer bekommen. Ich hatte bis dahin noch nichts von dem Verein gehört.

Bei den Treffen merkte ich schon bald, wie viel unverarbeitete Trauer auch in mir steckte. Immer wieder kurz meine Geschichte zu erzählen, die Schicksale der anderen zu hören, auch wenn es schwer fiel, hat mir gut getan. Ich habe dort viele liebe Menschen kennen gelernt.

Julia achtete immer sehr auf ihren jeweiligen Zustand. Wenn es ihr nicht gut ging, blieb sie länger liegen. Sie ging sehr gerne in den Kindergarten, und sie ging dann hin, wenn sie sich gut genug fühlte.

Eines Morgens kam sie die Treppe herunter, strahlte mich an und sagte: »Mir geht es guuut und die Sonne scheint!«

Ricarda Nickel (57 Jahre)

Alexandra

Meine geliebte Alexandra, vor fünf Jahren, am 11. Juli 1995, ging für
mich die Welt unter. Als hätte eine riesige Faust mir einen Schlag ver-
setzt, verbrachte ich wie betäubt die 22 Tage und Nächte, in denen
du – angeschlossen an Maschinen und Infusionsschläuche – im Koma
lagst. Ich konnte nur voller Hoffen und Bangen an deinem Bett sitzen
und deine Hand halten, über dein geliebtes Gesicht streichen, dich
anschauen – und beten. Eigentlich warst du in dieser Zeit schon in
deiner neuen Welt, doch uns, deinen Eltern, schenktest du mit diesen
drei Wochen die Möglichkeit des langsamen Abschiednehmens. Dafür
sind wir unendlich dankbar.

Der Tag deines endgültigen Verlassens dieser Welt war aber nur im
Augenblick das Ende unseres gemeinsamen Weges.

Die folgenden Tage, Wochen und Monate verbrachte ich zwischen
tiefster Trauer, Verzweiflung und den unzähligen Versuchen, mir aus-
zumalen, dass deine Krankheit und deren absehbarer weiterer Verlauf
noch schlimmer für dich und auch für uns gewesen wäre als dein
Tod.

Eine unschätzbare Hilfe waren und sind die Abende in der »Offenen
Gruppe« der »Verwaisten Eltern«. Hier konnte ich unter gleichbetroffenen Müttern und Vätern immer wieder von dir erzählen, auch von
den Abgründen, in die ich von einer Sekunde zur anderen ohne Vorwarnung immer wieder fiel, weil ein Gedanke, ein Gegenstand, eine
Melodie, der Anblick eines gleichaltrigen Mädchens mich unvermittelt
an meinen großen Verlust erinnerte. Hier hörte ich von anderen Müttern die gleichen, für »normale Menschen« unsinnigen und verrückten
Gedanken: die gleiche Verzweiflung, die Hoffnung auf ein Nachlassen
des Schmerzes – aber zugleich auch die Angst davor. Jeder einzelne
Gedanke, den eine andere betroffene Mutter oder auch ein Vater
äußerte, war für mich tröstlich. Ein einziger Satz half mir oft, die beiden Wochen bis zum nächsten Gruppenabend zu überstehen.

In dieser Zeit entwickelten sich viele wertvolle Freundschaften, die
deinem Vater und mir Halt gaben und immer noch geben. Denn je
mehr Zeit vergeht, desto weniger wollen die meisten Menschen von
dir reden – vielleicht aus Angst vor dem zu deutlichen Bewusst-

werden ihrer eigenen Sterblichkeit oder der ihrer Kinder. Nur mit gleichbetroffenen Freundinnen darf ich ohne Scheu jederzeit von dir sprechen und kann ohne viele Worte zulassen und es auch zeigen, wenn es mir wieder mal schlecht geht, weil du mir so sehr fehlst. Und das tut unendlich gut.

Auch war es für mich oft eine beglückende Erfahrung, wenn ich selbst durch einen Gedanken, ein Gefühl, von dem ich in der Gruppe erzählte, einer anderen betroffenen Mutter ein klein wenig weiterhelfen durfte.

Im Laufe der Jahre änderte sich meine Trauer um dich, um den schlimmsten Verlust meines Lebens, und verwandelte sich immer mehr und immer intensiver in eine unendliche Dankbarkeit zu dir. Immer größer wurde meine Freude, dass du als mein geliebtes Mädchen 15½ Jahre lang mein Leben reich gemacht hast durch deine Liebe, dein Vertrauen, deine Bescheidenheit und deine Kreativität. Deine unzähligen Brieflein, Zettel und Zeichnungen trösten mich in Stunden der Trauer und Verzweiflung, die es bis heute immer wieder gibt. Ich danke dir von ganzem Herzen, dass ich deine Mama sein durfte, sein darf!

Im Laufe der Jahre konnte ich allmählich neue Gedanken in mir annehmen. So denke ich gerne an ein Bild, das Jörg Zink in seinem Büchlein »Trauer hat heilende Kraft« beschrieben hat: das Bild eines Baumes, in den eine Christusfigur eingewachsen ist. Ich sehe es als ein Gleichnis für mich selbst. Du, mein geliebtes Kind, bist in diesen Jahren in mein Herz eingewachsen. Die große Wunde hat sich von außen immer weiter geschlossen, die Narbe aber wird mein Leben lang sichtbar und fühlbar sein und meinen restlichen Lebensweg prägen. Und so wird es am Ende diese Narbe sein, die mein Leben reich gemacht hat.

Dass die Wand zwischen »drüben und hier« sehr dünn ist, wie Jörg Zink es formuliert, das spüre ich voller Freude und inniger Dankbarkeit. Wie oft habe ich das Gefühl und die innere Gewissheit, dass du voller Liebe bei mir bist! Wie oft spüre ich die herzliche Verbundenheit mit dir, fühle mich geborgen, beschützt und getröstet, wenn ich an deinem Grab stehe und aus vollem Herzen zu dir sage: »Alexandra, es ist schön, mit dir zu leben!«

Diese Gewissheit hilft mir, weiterzuleben. Du aber, mein geliebtes Kind, darfst und sollst deinen Weg weitergehen in deiner neuen Welt, so wie es für dich am besten ist. Die Erinnerung an dich, an den unermesslichen Reichtum, dich als Kind gehabt zu haben, ist das Kostbarste, was ich bis an mein Lebensende besitzen darf und was mir niemand jemals nehmen kann.

Liebe Alexandra, du bist zwar nicht mehr körperlich bei mir, ich kann dich nie mehr in die Arme nehmen – und das tut immer noch schrecklich weh –, aber die Liebe und Dankbarkeit zu dir und das Wissen, mit dir in ewiger Verbundenheit weiterleben zu dürfen, helfen mir, mein Leben zu meistern.

Du hast mein Leben reich gemacht! Ich danke dir, mein innigst geliebtes Mädchen, und umarme dich – bis zum Wiedersehen. Deine Mama.

Irmgard Götz (52 Jahre)

Daniel

Daniel kam am 31. August 1976 zur Welt, dreieinhalb Wochen zu früh, 2540g leicht und 49 cm groß. Gleich nach der Geburt wurde er in die Kinderklinik verlegt, da er leichte Atemschwierigkeiten hatte. Die kämen von der unreifen Lunge, wurde uns gesagt, seien typisch für zu früh geborene Babys und kein Grund zur Sorge.

Dann ging es Schlag auf Schlag: Daniels Zustand verschlechterte sich. Plötzlich war auch sein EKG nicht mehr in Ordnung. Zum ersten Mal wurde von einem möglichen Herzfehler gesprochen. In Graz stellten die Ärzte bei einer Herzkatheteruntersuchung einen komplizierten vierfachen Herzfehler fest. Eine sofortige Teiloperation war notwendig. Noch am Abend wurde Daniel nach München verlegt, ins Deutsche Herzzentrum.

Sein Kampf ums Überleben begann. Die ersten sechs Monate seines Lebens verbrachte Daniel im DHZ und wurde zwei Mal operiert: mit fünf Wochen und mit vier Monaten. München wurde uns zu einer zweiten Heimat. Hier erlebten wir verzweifelte, aber auch schöne Stunden, hier wechselte Hoffnung mit Todesnähe. Hier waren Ärzte und Schwestern an unserer Seite, die mit allen ihnen zur Verfügung stehenden Mitteln um das Leben unseres Sohnes kämpften, immer darauf bedacht, dass der Mensch aus Körper und Seele besteht. Sie unterstützten uns mit Rat, Tat und menschlicher Wärme, ebenso wie unsere Ärzte und Schwestern zu Hause in Linz im Krankenhaus der Barmherzigen Schwestern.

Mit fast zwei Jahren wurde Daniel zum dritten Mal operiert. Bis dahin war das Leben sehr hart gewesen: Daniel trank schlecht, ich ernährte ihn mit einer Magensonde, und er hatte immer wieder Infekte, die seine angegriffene Lunge sehr belasteten. Alle vier Stunden, auch nachts, musste er Medikamente nehmen. Nach dieser dritten Operation aber ging es aufwärts: Daniel begann zu essen, zu trinken, zu laufen und zu sprechen. Es war wie ein Wunder. Er war ein sehr unkompliziertes Kind: fröhlich, ausgeglichen, ein richtiger Sonnenschein.

1983 wurde Daniel eingeschult, ohne Probleme dank der sehr verständnisvollen Lehrerinnen. 1985 kam die vierte Operation. Wieder ging alles gut, er erholte sich überraschend schnell von dem schweren Eingriff.

1988 dann die fünfte Operation, nach langen Überlegungen und Gesprächen mit Kinderkardiologen und Herzchirurgen. Es war ein ganz besonders schwieriger Eingriff. Daniel lag dreieinhalb Monate auf der Intensivstation, wurde drei Monate künstlich beatmet. Kaum jemand glaubte damals, dass er die vielen Komplikationen überleben würde. Aber Daniel war ein Kämpfer, er wollte leben. Er überstand Blutungen und eine Pilzinfektion in der Lunge, massive Herzrhythmusstörungen, zwei Monate hohes Fieber. Zwei Versuche, ihn von der Beatmungsmaschine wegzubringen, schlugen fehl.

In dieser äußerst schwierigen Zeit war Daniel nie verzweifelt. Da er durch den Beatmungsschlauch nicht sprechen konnte, verständigte er sich durch Schreiben. Er schrieb für die Ärzte und Schwestern Witze auf; von seinem Lieblingsarzt verlangte er jeden Tag einen neuen Witz. Oft bekam er Hustenanfälle vor Lachen. Seinen zwölften Geburtstag feierte er auf der Intensivstation, voll beatmet, an ca. zehn

Infusionen angehängt, auf einer Eismatte liegend, aber mit ganz vielen
Gratulanten, Geburtstagsständchen, Geburtstagstorten (nur zum Anschauen), vielen Geschenken. Danach seine Aussage auf Papier: »Das
war mein schönster Geburtstag!«

Fünf Monate nach diesem letzten Eingriff durfte Daniel endlich wieder nach Hause. Dieses Mal brauchte er sehr lange, bis er sich erholt
hatte. Gemeinsame Urlaube an der dänischen Nordseeküste, Ferien
bei seinen Großeltern im Innviertel und bei seiner Großmutter in den
Bergen in Hinterstoder halfen ihm dabei. Ein besonderer Höhepunkt
in seinem Leben war die Reise ins Euro-Disneyland bei Paris. Diese
Welt und alles, was mit Disney zusammenhängt (Filme, Comics, Figu-
ren) hatte ihn immer schon fasziniert. Hier lebte er auf und genoss
jede Minute in vollen Zügen. Seinen Ausspruch: »Es ist wie im Paradies. Da kann es nicht schöner sein!«, höre ich noch heute.

Wieder zu Hause, mussten wir erkennen, dass Daniels Belastbarkeit
langsam abnahm. Wir schonten ihn noch mehr und warteten auf einen Termin in Boston (USA), wo seine verengten Lungenvenen mit-
tels Herzkatheter erweitert werden sollten. Doch Daniel sollte diese
Reise nach Amerika nicht mehr erleben. Er starb am 23. Oktober
1993, plötzlich und unerwartet. Obwohl wir über seine schwere
Herz-Lungen-Krankheit genau Bescheid wussten, hatten wir doch
immer gehofft und erwartet, dass er mit seinem Kampfgeist und seinem ausgeprägten Lebenswillen alles schaffen würde. Sein Tod zur
Unzeit traf uns bis in die Wurzeln unserer Seele. Dieser Tod war für
uns zurückbleibende Eltern und den Bruder Michael eine schreckliche Tragödie. Daniel, der Mittelpunkt unserer kleinen Familie, um
den sich 17 Jahre lang alles gedreht hatte, war tot. Daniel, der trotz
seiner Zartheit eine unglaubliche Stärke und Kraft ausstrahlte, an der
auch wir immer wieder auftankten, war nicht mehr da. Daniel,
unseren kleinen Prinzen (wie ihn sein Vater oft liebevoll nannte), der
uns gezeigt hatte, was wirklich wichtig ist im Leben – die Liebe, die
Freude und das Lachen –, gab es nicht mehr. Nur noch in der Erinnerung.

Lange Zeit konnten wir nicht begreifen, was geschehen war. Wir fühlten uns zutiefst verletzt. Ich kam mir vor wie ein hilfloses Wesen, das
in einem alten Kahn im vom Sturm aufgewühlten Meer treibt: kein

Ufer in Sicht, keine Ruder zur Hilfe. Ich hätte ja auch gar nicht gewusst, in welche Richtung ich hätte rudern sollen. Ich drehte mich
nur im Kreis.
Ziemlich schnell kehrte in meiner Umgebung der Alltag wieder ein.
Auch ich sollte möglichst schnell wieder »die Alte« sein. Gut ge-
meinte Ratschläge blieben nicht aus: Ich sollte »endlich das Leben genießen, ablenken, vergessen, arbeiten gehen, in Kultur ertränken,
schnell noch ein Kind bekommen, bevor die biologische Uhr abläuft,
nicht so oft auf den Friedhof gehen«. All diese Bemerkungen verletzten mich zusätzlich; ich empfand sie wirklich wie Schläge. Trauern ja,
aber bitte nicht zu lange, nicht zu laut, und möglichst ohne jemanden
damit zu konfrontieren! Der Satz: »Du musst endlich loslassen!«, wurde für mich zum roten Tuch. Ich stellte fest, dass »Loslassen« für die
meisten Menschen in meiner Umgebung nur bedeutete, nicht mehr
zu weinen, nicht mehr über meine Trauer und über meine Gefühle
zu sprechen, nicht mehr über Daniel zu sprechen.
Es gab Bekannte und Freunde, die die Straßenseite wechselten, wenn
sie mir begegneten, und taten, als ob sie mich nicht gesehen hätten.
Einige wenige fragten mich noch ab und zu, wie es mir ginge, gaben
sich aber gleichzeitig selbst die Antwort: »Eh, gut! Du schaust ja wieder besser aus!« Andere wiederum taten, als wäre überhaupt nichts
passiert, und erwarteten von mir, mich ebenso zu verhalten.
Ich hatte das Gefühl, mit einem Makel oder Aussatz behaftet zu sein,
weil allein mein Anblick bei vielen Mitmenschen eine ungute Betroffenheit auslöste. Gleichzeitig hatte ich keine Kraft, mich ständig zu
wehren und zu erklären, dass es mir immer noch schlecht ging und
dass mich die Tränen einfach überfluteten, dass meine Trauer nicht
kontrollierbar war. Dadurch zog ich mich immer mehr zurück und
wurde immer einsamer.
Geholfen hat mir in dieser ersten Zeit das Lesen – ich habe alles verschlungen, was irgendwie mit Sterben, Tod und Trauer zu tun hatte –
und das Schreiben. Zwei Jahre schrieb ich täglich Tagebuch, manchmal auch Briefe an meinen verstorbenen Sohn.
Geholfen hat mir auch eine kleine Hand voll Menschen, die mich so
annehmen konnten, wie ich nach dem Tod meines Sohnes war: mit
meiner ganzen Trauer, meinem Schmerz, meiner Wut, meinem

Hadern mit Gott und meinen Tränen. Mit ihnen konnte ich immer wieder über Daniel sprechen, sie waren einfach für mich da.

Wirkliche Hilfe habe ich auch in der Selbsthilfegruppe für trauernde Eltern erfahren, in die ich acht Monate nach Daniels Tod zum ersten Mal ging. Hier erlebte ich wirkliches Mitgefühl, erfuhr zum ersten Mal, dass das Durcheinander meiner Gefühle ganz normal war. Es tat mir so wohl zu hören, dass ich ein Recht zu trauern habe, dass ich mich nicht ständig zusammennehmen muss. Die Gespräche mit betroffenen Müttern und Vätern waren Balsam für meine Seele, und ich bin sehr dankbar für die Freundschaften, die sich aus diesen Begegnungen entwickelt haben.

Sechseinhalb Jahre sind seit Daniels Tod vergangen. In dieser Zeit habe ich gelernt, mit Daniels Tod zu leben. Immer noch gehe ich in die Gruppe der trauernden Eltern. Seit ein paar Jahren habe ich das große Bedürfnis, selbst mitzuarbeiten, Eltern auf ihrem langen Weg durch die Trauer zu begleiten, einfach für sie da zu sein und ihnen immer wieder Mut zu machen, sich auf ihre Trauer einzulassen. Ich würde durch meine Arbeit auch gerne dazu beitragen, dass Trauer in unserer heutigen Gesellschaft wieder den Stellenwert bekommt, der ihr zusteht.

Daniel ist tot. Ich kann nichts daran ändern. Ich kann das Geschehene nicht ungeschehen machen. Es vergeht kein Tag, an dem ich nicht für einen kurzen oder längeren Moment an ihn denke, an dem mich nicht wieder Wehmut überfällt. Ich weine immer noch – manchmal. Er fehlt mir immer noch – sehr.

Die Trauer um meinen Sohn wird mich bis an mein Lebensende begleiten, sie wird nie zu Ende sein. Und das ist auch gut so, denn meine Trauer ist die Antwort auf die tiefe Liebe, die mich mit Daniel verbunden hat und noch immer verbindet.

Manchmal ist jetzt auch wieder Platz für andere Gefühle: für intensive Freude, für Glück, für Dankbarkeit. Vieles, was rundherum passiert, versuche ich mit Daniels Augen zu sehen.

Danke, Daniel, dass es dich gab und dass ich deine Mami sein durfte.

Ursula Leithinger (48 Jahre)

Andreas

Deine Träne – Hoffnung

Deine Träne
spiegelt
dich und ihn
  schattenlos
bis sie
ihm zufällt.
Im Meer der Tränen
spiegelt sie
Licht
  dir und mir.

Diese Worte erzählen etwas vom Bedürfnis des Trostes, nachdem wir unseren 20-jährigen Andreas beerdigt hatten. Er starb auf der Bahnfahrt zu einem Konzert durch Herzstillstand während eines Asthmaanfalls. Er litt erst ein Jahr an Asthma.

Der Schock des überraschenden Todes ließ uns mehr nach ihm suchen als seinen Verlust ins Bewusstsein vorzulassen. Dabei geht es allen, die ein Kind verlieren, gleich: Er war der Liebste, Beste, Gescheiteste, Fröhlichste. Was hätte ich von ihm gern noch gewusst, von ihm erfahren! Natürlich fragte ich mich auch, warum ich so wenig Zeit hatte, mir so wenig Zeit genommen hatte, als er noch lebte.

Bei allen meinen Bekannten und denen unseres Sohnes suchte ich ihn, in ihren Erzählungen, Erinnerungen. Die einzelne Träne war Beweis der Freundschaft und erzählte vom Freund wie von ihm – schattenlos, ich hörte nur Schönes, Liebes, alle Erinnerungen wurden von mir so erfahren. Ich wusste, die Träne galt ihm, war eine nachträgliche Hommage für ihn, für sein Sein. Das tat gut. So sammelte ich ein Meer von Tränen, von Freundschaftsbeweisen. Jeder wurde dafür zum Freund. Und die einzelne Träne im Meer der Trauer spiegelte, je nach Wellenbewegung, Licht: dir und mir.

In der Weite des Meeres liegt, nah oder fern, Hoffnung. Im Erleben von Schiffbrüchigen – auch sie in Trauer um verlorenes Glück – verbindet sich Verlassenheit mit der Weite des Himmels. Der Schiffsmast am Horizont scheint im Himmel zu stehen.

Im Meer der Trauer,
jenseits
Deine Wirklichkeit
Ausfahrt.
Die letzte aller Türen
Hoffnung.
  Wir erzählen
davon.

Heinz (63 Jahre) und Sigrid Zelger (61 Jahre)

Frank

Als man ihm Mitte Oktober die Computeraufnahmen zeigte und ihm mitteilte, dass man eine unaufhaltsam fortschreitende Auflösung des Gehirns festgestellt hatte, meinte er ein wenig lakonisch, mit einem Ansatz von Verbitterung und auch Spott in der Stimme: »Dann hat das Sterben also begonnen.«
Die Nachricht, dass er mit dem HIV-Virus infiziert sei, hatte er erhalten, als er achtzehn war. Eher zufällig hatte der behandelnde Arzt ihn hiervon in Kenntnis gesetzt und ihn beschwichtigt, dass eine wirkliche Gefährdung bei Blutern kaum gegeben sei – im Gegensatz zu Fixern und Homosexuellen. Er möge bitte gesundheitsbewusst weiterleben. Erst als sich die Nachrichten überschlugen, als die Ausbreitung von Aids öffentlich und spektakulär thematisiert wurde, wurden er und wir nachdenklich. Unsere Gedanken begannen sich vorrangig um dieses eine Thema zu drehen. Hoffnung, Verzweiflung, Wunschdenken, Traurigkeit, Informationsbedürfnis, Berührungsängste, Hilflosigkeit, Angst vor dem Sterben – alles lag dicht beieinander.
Frank begegnete seinem Schicksal auf seine Weise: vor allem intellektuell. In einer Gruppe HIV-infizierter Bluter erfolgte Gedankenaus-

tausch, er besuchte Seminare, sammelte Presseveröffentlichungen, berichtete in einem Fernsehfilm anonym über seine Empfindungen, über Partnerschaftsprobleme, Ausgrenzungsängste, Berufssorgen. Und er blieb, wenn auch eingeschränkt, unter ärztlicher Aufsicht. Er machte sein Abitur, arbeitete im Ausland in einem Sterbehospiz mit todkranken jungen Männern, begann mit großer Hingabe sein Studium in den Fächern Theologie und Anglistik.

Man hätte vor Wut und Verzweiflung schreien können, doch man spürte: Kaum jemand würde uns hören, verstehen, helfen. Viele waren wie gelähmt, traurig, selber hilflos. Wir klammerten uns an die Hoffnung, das Schicksal möge es gut mit uns meinen.

Die Entschädigungszahlung der Pharmaindustrie nahm er mit gemischten Gefühlen an. Er war gerade 21 Jahre alt. War das überhaupt o. k., Geld zu nehmen? Gute Freunde aus seiner Betroffenengruppe waren bereits gestorben. Würde Geld sein Leben auch nur um einen Tag verlängern können? Der ganze Betrag landete auf der Bank. Nach dem Studium – als frisch gebackener Studienrat – würde er es benötigen: für eine Wohnungseinrichtung, vielleicht für eine Reise. Vorerst gönnte er sich von den Zinsen ein Fahrrad, eine Gitarre, kaufte sich Bücher, bezog gemeinsam mit seiner Freundin eine Studentenbude, unternahm Reisen. HIV-Infektion, Aids, Siechtum, Tod? Kein diskutables Thema!

Das Sterben begann Ende Oktober. Äußerlich blieb er anfangs der große, starke, sportliche Mann, doch sein wacher Verstand erlosch rapide. Er schien in eine unendlich tiefe Depression zu fallen. Bald verstummte er, verlor sein offenes, frohes Lachen. Bevor die absolute Hilflosigkeit einsetzte, kamen viele seiner Freunde zum Helfen – und zum Abschiednehmen. Anfang Dezember gelang es ihm noch, folgenden Satz zu Papier zu bringen:»Auch wenn ich nicht rede, heißt das nicht, dass ich nicht denke.« Er wurde zunehmend schwächer, musste gefüttert werden, erblindete, erlitt immer neue Krampfanfälle, wurde bewegungsunfähig. Zuletzt holten wir ihn zu uns nach Hause.

Als Frank am 29. Dezember 1992 mittags um 13 Uhr mit 25 Jahren im Beisein seiner Eltern, seines ebenfalls infizierten Bruders Axel und seiner Lebensgefährtin Hanna starb, leuchtete die kalte Wintersonne hell ins Zimmer. Nachdem Frank gestorben war, schien ein ganz leichtes Lächeln auf seinem Gesicht zu liegen. Er war erlöst.

Weihnachten 1993

Liebe Familie, liebe Freunde und alle, die in diesem Jahr und besonders in diesen Tagen mit ihren Gedanken bei uns sind! Es fällt mir schwer, heute, am 4. Adventssonntag, Weihnachtsgrüße zu versenden und euch zu berichten, wie es uns geht und wie wir das erste Jahr nach Franks Tod bewältigt haben. Wir glauben, dass viel an uns – und auch besonders an Axel – gedacht wird. Wir möchten euch auch vermitteln, dass wir trotz aller Trauer Kontakte brauchen und eure Alltagssorgen uns nicht banal erscheinen oder lästig sind.

Heute vor einem Jahr haben wir unseren sterbenden Frank unter dramatischen Umständen im Auto von Berlin nach Taufkirchen geholt. Er konnte nicht mehr allein gehen, nicht mehr essen und trinken, war erblindet und konnte seit vier Wochen nicht mehr sprechen. Er hat keine Gefühlsregungen mehr gezeigt. Wir hofften jedoch, dass er noch unsere und die Nähe seiner Freunde spüren würde. So haben wir dann die Weihnachtstage mit ihm verbracht.

Heiligabend steht in unserem Tagebuch: »Unsere Weihnachtsfeier haben wir an Franks Bett verlegt, mit Kerzen, Geschenken und Tannengrün. Eine besondere Stimmung, von außen betrachtet ein Familienbild des Jammers, aber wir nehmen in Frieden und Liebe Abschied. Axel ist ermunternd und sehr einfühlsam. Er hat für Frank vom alternativen Weihnachtsmarkt in München zwei Gesundheitskugeln besorgt, die Frank fest in seinen Händen hält. Reinhard schenkt Axel einen Australien-Kalender mit dem Auftrag, 1993 eine besondere Reise zu machen. Axel hat für uns jeweils einen Pfeil aus Holz angefertigt – der positive große Pfeil soll immer nach oben zeigen!«

Wir sind oft selber verwundert darüber, dass wir es schaffen, neben vielen Stunden des Grübelns und der Verzweiflung immer wieder Momente und Situationen wahrzunehmen, in denen wir ein positives Lebensgefühl annehmen und zeigen. Das spüren wir ganz besonders dann, wenn wir uns an die Jahre mit Frank erinnern, oder – wie kürzlich – in vielen Fotos herumkramen und dabei auf ein ganz besonders schönes Bild von ihm stoßen, das ihn auf dem Empire State Building in New York zeigt: als weltreisenden jungen Erwachsenen, selbstbewusst, offen, selbstständig.

Oft sind wir dankbar, dass wir in unseren Berufen so leistungsfähig sind und so viel Erfüllung finden können – auch wenn es scheint, als ob wir uns mit Arbeit betäubten.

Für uns ist es besonders hilfreich, dass wir uns über Axel freuen können, der seit Oktober in Berlin Sozialpädagogik studiert. Seine Freundin Christiane, mit der er zusammenlebt, hat ihm in diesem Jahr sehr geholfen, wieder Lebensmut und Perspektiven aufzubauen. Es geht ihm gesundheitlich gut; Weihnachten kommt er zu uns.

Mit Hanna haben wir weiterhin Kontakt. Sie hat in Berlin eine neue Wohnung bezogen und besuchte uns im September auf der Rückfahrt von einer längeren Reise durch Südostasien. Wir hatten den Eindruck, dass ihr die Reise gut getan hat. Allerdings sei ihr auch klar geworden, dass mit Franks Tod ein Teil ihrer Lebensplanung zerstört worden ist.

Wir hoffen, dass ihr besinnliche, ruhige Weihnachtstage verbringen könnt, und wir wünschen euch ein friedvolles, gesundes neues Jahr!

Weihnachten 1996

Auch vier Jahre nach Franks Tod lassen uns die Bilder dieser Wochen um Weihnachten 1992 nicht los. Es bleibt eine ständige Herausforderung, Franks Tod in unser Leben zu integrieren. »Bedenkt, den eignen Tod, den stirbt man nur, doch mit dem Tod der andern muss man leben.« (Mascha Kaleko)

Am ersten Advent haben Reinhard und ich an der Jubiläumsfeier zum 40-jährigen Bestehen der Hämophiliegesellschaft teilgenommen. In einem würdevollen Rahmen wurde an die vielen an Aids verstorbenen Bluter erinnert und gleichzeitig für die Überlebenden zum ersten Mal eine medizinisch begründete Hoffnung vermittelt. Vielleicht habt ihr die entsprechenden Nachrichten vom Welt-Aids-Kongress in Vancouver auch verfolgt. Wir glauben, Axel hat eine Chance!

Er hat in diesem Jahr viele Blutungen durchlitten, ist aber psychisch und physisch recht stabil. Ich bewundere weiterhin seinen Lebensmut, seine Lebensfreude und seine Zuversicht: »Ich sollte jetzt doch mal eine Lebensplanung machen.« Meine Krebserkrankung erlebe ich zweitrangig; die Untersuchungsergebnisse sind nicht Besorgnis erregend. Ich fühle fast wieder die alte Kraft und Energie. Beruflich habe ich ein wenig die Bremse angezogen.

Es gibt einen alten Brauch, Wünsche aufzuschreiben und sie einem fließenden Wasser anzuvertrauen, in der Hoffnung, dass der Fluss diese Wünsche weiterträgt. Reinhard und ich werden den Jahreswechsel auf La Gomera erleben und dort einem Gebirgsbach Wünsche für euch und uns (besonders für Axels Gesundheit) übergeben: Gelassenheit und Weitblick, Ruhe und Stille, um auszuhalten und zu genießen.

Margret Schulke (56 Jahre)

Juli 2000

Das Sterben meines 25-jährigen Sohnes Frank Ende 1992 infolge seiner HIV-Infektion habe ich miterleben müssen – und können. Es war das gravierendste, schlimmste Ereignis meines Lebens.

Nach der Beisetzung trat für mich allmählich der Alltag wieder ein. Ich konnte mich in meinen Beruf vergraben, mich auf diese Weise ablenken. Ich begriff, dass alles Grübeln und das Fragen nach dem Warum zwecklos waren. In unterschiedlicher Intensität spürte ich die Anteilnahme von Verwandten, Freunden und Bekannten. Es tat gut, wenn jemand auch nur fragte »Wie geht es dir?«, oder sagte: »Ich habe kürzlich an Frank gedacht.« Er war also nicht vergessen! Andere trauten sich offensichtlich nicht, direkt nach meinem Befinden zu fragen, und plauderten demonstrativ über Belanglosigkeiten. Ich musste das hinnehmen und mich bemühen, nicht darüber zu urteilen. In verstärktem Maß wandte ich mich meinem jüngeren Sohn Axel zu, der ebenfalls HIV-infiziert ist.

Ich entschloss mich bald, Franks Tod als gegeben hinzunehmen, als etwas Unabänderliches. Meine Frau indes nahm Kontakt mit den »Verwaisten Eltern« auf und fand dort zusammen mit anderen Betroffenen, zumeist Frauen, eine gute Plattform, um über ihr Schicksal zu sprechen. Bald engagierte sie sich stärker und übernahm – neben ihrer Berufstätigkeit – ein Vorstandsamt. Auf ihren Wunsch nahm auch ich an zwei Wochenendbegegnungen teil, von denen eine einen besonders nachhaltigen Eindruck in mir hinterließ. Ich fühlte mich den Trauernden verbunden; es war gut, zu spüren, mit unserem Schicksal nicht allein zu sein. Die Absicht der Organisatoren, dem Tod auf der Grundlage des christlichen Glaubens zu begegnen, fand in mir jedoch keinen Widerhall. Zudem hatte ich den Eindruck, dass sich bei einigen teilnehmenden Frauen die Trauer über den Tod ihres Kindes mit partnerschaftlichen Problemen verband: Sie beklagten Unverständnis, Gleichgültigkeit und Lieblosigkeit. Bei diesen Frauen verstärkten sich Trauer, Mutlosigkeit und Verzweiflung bis hin zur Depression. Und ich fand bestätigt, dass viele Männer mit dem Verlust ihres Kindes offensichtlich anders umgehen: Sie verbergen ihre Trauer, ihre Gefühle – wie auch ich.

Erst spät kümmerte ich mich um das, was Frank uns an materiellen Dingen hinterlassen hatte: Kleidungsstücke, Bücher, Schallplatten, Musikkassetten, Fotos, sein Fahrrad, Aufzeichnungen aus der Schule, seinem Studium, der Jugendarbeit … Irgendwann griff ich einmal zu seiner Gitarre, die ihm so viel bedeutet hatte und die ein Teil seiner Ausstrahlung gewesen war. Und sehr langsam schloss ich insgeheim Frieden mit seiner Lebensgefährtin Hanna, die ihn nach meiner Auffassung in den schweren Wochen seines Sterbens unzureichend begleitet und versorgt hatte, bevor sie ihn unmittelbar vor seinem Tod in unsere elterliche Obhut gab.

Frank begleitet mich auch heute noch ständig. Bei Nachrichten über seine ehemaligen Mitschüler oder Freunde stelle ich Vergleiche an. Von Personen, die ihm ähnlich sehen, fühle ich mich ganz stark berührt. Sein Geburtstag, sein Todestag, besondere Ereignisse bringen ihn mir ganz nahe.

Manchmal empfinde ich geradezu eine Wut, wenn ich daran denke, dass er – aus welchen Gründen auch immer – so jung sterben musste. Er hat sein Leben angesichts seines Schicksals außerordentlich intensiv gelebt, war in einen großen Freundeskreis eingebettet, hat in der Schule, im Studium Großes geleistet, sich auch sozial engagiert. Er war mein ganzer Stolz – und hat sich aus dem Leben, von seiner Lebensgefährtin Hanna und von uns, seiner Familie, verabschieden müssen!

Ich denke, dass er aus dem Nichts, aus dem er gekommen ist, ins Nichts zurückgekehrt ist. Trotz des Zorns, den ich über sein frühes Sterben empfinde, bin ich dankbar, dass ich ihn 25 Jahre lang als meinen Sohn gespürt und geliebt habe.

Reinhard Schulke (58 Jahre)

Roman

Unser Sohn Roman starb am 24. März 1999 den plötzlichen Herztod, verursacht durch eine Virusinfektion mit nur 22 Jahren. Im letzten Telefonat aus seiner Wohnung sagte er uns, er fühle sich schwach und ginge früh zu Bett. Am nächsten Tag, nachdem er sich nicht gemeldet hatte, fanden wir ihn in seiner Wohnung – tot.

Leben

Roman kam am 29. September 1976 fünf Wochen zu früh als unser Wunschkind zur Welt. Er blieb unser einziges Kind. Wir bangten seit dem ersten Tag um ihn, wodurch wir ein besonders enges, fürsorgliches Verhältnis entwickelten.

Roman verbrachte sein Leben im geschützten Umfeld eines kleinen Vororts von München. Bereits im Kindergarten zeigten sich einige bleibende Charaktereigenschaften wie Gutmütigkeit, Temperament und eigener Wille. Im Gymnasium kam er problemlos zurecht; seine Begabung für mathematische, geisteswissenschaftliche und künstlerische Fächer führte ihn in die Leistungsspitze einiger Jahrgänge. Er nahm mit gutem Erfolg an Lesewettbewerben und Schwimmmeisterschaften teil. Dann folgten Adoleszenzprobleme mit niedrigerer Wertschätzung der schulischen Leistung. Nach bestandenem Abitur studierte er Betriebswirtschaft.

In seiner Sturm-und-Drang-Phase vertrat er mit hohem moralischen Anspruch Ideale wie soziale Gerechtigkeit, Selbstlosigkeit und Freundschaft. Er erwies sich als bewusst moralischer und künstlerischer

Mensch, suchte Herausforderungen und ging an seine Grenzen. Sein furchtloses Wesen zeigte sich bei wagemutigen Sprüngen von hohen Felsen ins Wasser. Das Tauchen war seine Leidenschaft. Durch viele Reisen erwarb er eine für sein Alter erstaunliche Reife, ein großes Wissen von der Verschiedenartigkeit der Welt, aber auch die Tugend der Demut.

Trauer

Den unerwarteten Tod unseres Kindes erlebten wir ganz anders als das vorangegangene Sterben unserer Eltern und Großeltern. Nie hätten wir die Intensität für möglich gehalten, mit welcher wir den Schock, die Ohnmacht, die Unwiederbringlichkeit unserer kleinen Familie, den Abschiedsschmerz erlebten. Selbstvorwürfe und Schuldgefühle machten die ersten Monate zur Qual. Wir haderten mit Gott und uns selbst:»Gott, warum hast du ihn verlassen?«, und:»Hätten wir doch einen Arzt gerufen, dann könnte er noch leben!« Wir verspürten Schuld, dass wir lebten und er tot war, dass sein Leben sich nicht voll hatte entfalten können. Unsere gesamte Lebensphilosophie wurde infrage gestellt. Wie konnten wir diesem anscheinend sinnlosen Tod einen Sinn geben? Worauf konnten wir noch hoffen? War es Zufall oder gottgewollt? Wir fühlten uns allein gelassen, ausgeliefert, amputiert. Ein Teil von uns war nicht mehr da. Die Welt stürzte ein.
Trauerfeier und Beerdigung, die wir nur mit Hilfe unserer Familie und Freunde überstanden, verliefen wie im Nebel. Der Entschluss, Roman in der nicht in unserem Wohnort liegenden Familiengruft zu bestatten, fiel uns schwer, denn wir konnten sein Grab nur im Abstand mehrerer Wochen besuchen. Andererseits wollten wir, dass er bei den geliebten Toten der Familie liegt.
Nach der Phase des Nicht-wahrhaben-Wollens, als der Schock langsam abklang, wurde uns klar, dass wir den Verlust nicht verdrängen wollten. Wir wollten dem Schmerz begegnen, ihn erleben, aushalten. Der Schmerz wurde unser ständiger Begleiter. Der Rückzug in die Stille war notwendig, um Ordnung in das Chaos der Gefühle und Gedanken zu bringen und neue Kraft zu schöpfen. So entdeckten wir unseren eigenen Trauerweg.

Jeder Tag beginnt und endet mit der Gewissheit des Verlustes. Zwischendurch schauen wir uns seine Bilder an, seine großen Augen, die lustig und offen in die Welt blicken. Videofilme anzusehen, schaffen wir bisher nicht. Wir stellen uns bewusst den Feiertagen, die uns grausam zeigen, dass wir nicht mehr vollzählig sind. Besonders schmerzhaft erlebten wir die Weihnachtszeit. Mütter und Väter mit ihren Söhnen flanierten mit Geschenken beladen durch die Stadt. Aber wir empfanden auch Dankbarkeit für die Zeit, die wir ebenso glücklich und voller Lebensfreude gemeinsam verbracht hatten.

Hilfe

Wir haben uns intensiv mit der Trauerarbeit beschäftigt und viele Wege zur Trauerbewältigung beschritten:
- *Trauerliteratur:* Diese war hilfreich, um den Trauerprozess zu verstehen. Wir lasen Bücher von Fachleuten und anderen Betroffenen. Werke von Dichtern, die das gleiche Schicksal erlitten hatten, sprachen uns emotional an.
- *Verwaiste Eltern:* Wir suchten intensiv den Kontakt mit gleichfalls verwaisten Eltern, die uns mit ihrem Verständnis großen Trost spendeten. Es wurde uns klar, dass unser Leid nur durch Menschen nachzufühlen ist, die das Gleiche erlebt haben. In der ersten Zeit erwiesen sich die offenen Gruppen als hilfreich. Später erlaubte uns eine geschlossene Gruppe, strukturierter mit der Trauerarbeit fortzufahren.
- *Freunde:* Schlagartig zeigte sich, wer Freund in der Not bleibt. Wir verloren Freunde und gewannen neue Freunde hinzu, die unsere Not verstanden und uns durch ihre Zuwendung halfen. Es trennte sich die Spreu vom Weizen.
- *Seminare:* Trauerseminare mit unterschiedlichen Ansätzen (z. B. philosophische und theologische Fragen über Leben und Tod, Gestaltungstherapie, Möglichkeiten der Trauerumwandlung, Trauerrituale und Imaginationen) führten zu spürbaren Erleichterungen.
- *Spirituelle Literatur, Musik und Kunst:* Unsere religiösen Gefühle verstärkten sich. Private Gespräche mit unserem Pfarrer spendeten Trost. Die brennende Frage nach dem Sinn dieses frühen Todes

brachte unseren Glauben zunächst ins Wanken. Es fiel uns schwer, die These des Pfarrers anzunehmen, dass Romans Leben nach göttlichen Maßstäben, die mit den menschlichen nicht übereinstimmen, genauso vollständig und wertvoll ist wie das eines Patriarchen mit zehn Kindern und 30 Enkeln. Der Mensch sei nach dem Lebensplan Gottes auf der Erde, um seine Aufgabe zu erfüllen. Nach Erledigung dieser Aufgabe müsse er gehen. Die Frage, wo Romans Seele ist, ob er uns wahrnimmt, ob wir uns wieder sehen werden, beschäftigt uns ebenfalls.

- *Gesprächstherapie:* Diese half uns, mit den Schuldgefühlen umzugehen, die langsam abklangen. Wir nutzten die Chance, eine erste Bilanz unseres Lebens zu ziehen. Wir verstanden, was »loslassen« bedeutet: Roman mit Liebe im Herzen zu behalten, trotzdem das intensive emotionale Leben mit ihm, insbesondere die negativen Schuldgefühle, aufzugeben und das Unabänderliche zu akzeptieren.

- *Pflanzaktion:* Wir pflanzten gemeinsam mit Romans Freunden für jedes Jahr seines Lebens einen Kirschbaum. So entstand eine Allee neben dem Friedhof unserer Gemeinde. Dieser Tag war ein würdevoller und schöner Tag für Roman, weil ihm seine Freunde die Ehre erwiesen. Wir gestalteten diesen Gedenktag sehr feierlich und mit einem guten Essen. Die 22 Kirschbäume bedeuten uns sehr viel. Jeden Tag spazieren wir zu den Bäumen und erinnern uns an Roman. Jeder Baum versinnbildlicht ein Lebensjahr und verbindet uns mit ihm. Im Lauf der Jahreszeiten verändern sich die Bäume; sie blühen im Frühjahr, tragen Früchte im Sommer und vergehen im Herbst als Teil der großen Natur.

- *Gespräche mit Romans Freunden:* Sie halfen uns, uns der Realität zu stellen, dass sie leben und er tot ist. Durch die Gespräche mit seiner Lehrerin und seinen Freunden konnten wir sein Bild vervollständigen, um den ganzen Menschen in Erinnerung zu behalten. Wir wollen uns an Roman in allen seinen Lebensphasen erinnern: als Kind, als Heranwachsender und als Erwachsener.

- *Aufklärung der Todesursache:* Es war uns wichtig, möglichst genau die Ursache seines Todes zu erfahren. Wir gaben ein pathologisches Privatgutachten in Auftrag. Nach dem Vorliegen des Gutachtens versöhnten wir uns leichter mit seinem Tod.

– *Traueranzeige anlässlich des ersten Jahrestags:* Wir schalteten eine In-memoriam-Anzeige in der Süddeutschen Zeitung und der Gemeindezeitung, um die Erinnerung an Roman wach zu halten. Durch das Schreiben und Gestalten der Anzeige befassten wir uns mit unserer Trauer und unseren Gefühlen.

Zukunft

16 Monate nach der größten Katastrophe unseres Lebens gewinnt dieses langsam wieder an Normalität. Wir begreifen Romans Tod immer noch nicht ganz. Wir wissen, dass die Trauer bis zu unserem Lebensende fortdauern wird. Wir werden immer darüber trauern, dass er sein Leben nicht ganz leben konnte, dass wir an seinem Leben nicht noch viele Jahre teilhaben können. Wir müssen noch damit fertig werden, dass wir keine Eltern mehr sind, dass mit unserem Tod unsere Gene nicht mehr weiterleben und dass wir die Früchte unseres Lebens nicht an unsere Nachkommen weitergeben können.
Wir haben heute Hoffnung, dass unser Leben auch ohne Roman eine Zukunft hat und wir eines Tages wieder Freude empfinden können. Aus dem Tod ist auch etwas Positives erwachsen. Wir wissen nun, was im Leben wesentlich ist. Wir haben ein tieferes Verständnis von Leben und Tod gewonnen. Die Trauer hat uns stärker gemacht. Die Angst vor dem eigenen Tod wurde uns genommen.

Du wurdest uns auf Zeit geschenkt.
Wir sind so dankbar dafür,
dass wir deine Einzigartigkeit
und die gegenseitige Liebe zu dir erleben durften.
Du bist uns zu Gott vorausgegangen, dein Geist lebt in uns weiter.

M. (55 Jahre) und X. (54 Jahre)

fassungslos

den Boden unter den Füßen verlieren
ein Abgrund tut sich auf
ich versinke
ich falle da hinein
kraftlos.

Wie sieht Entsetzen aus?
Aufgerissene Augen
die Welt ist verschwommen und grau
fremd
Menschen werden mir zur Qual.
Sie sind laut.

Trotzdem antworten –
funktionieren ohne Gedanken
mit automatischen Bewegungen
lange eingeübt.

Erschöpft aufs Bett fallen
zentnerschwere Last
drückt, lähmt.
Nein, nicht aufstehen müssen.

Schon fahles Licht blendet
ich bin im Nebel und friere
orientierungslos und schwach.

Großes Weh, große Hilflosigkeit
innere Schreie ohne Atem
– zusammengepresst –
weinen, weinen
Herzrasen.

Unaussprechlicher stechender Schmerz.

Ursula Kurz (61 Jahre)

Andreas

Im Oktober 1999 geschah das Unfassbare, Unerträgliche. Unser über alles geliebter einziger Sohn verstarb im Alter von nur sechseinhalb Jahren nach langer, schwerer Leukämieerkrankung. Er hatte so tapfer gekämpft ...

Ich bin der festen Überzeugung, dass Andreas nun im Paradies ist, mit Jesus Christus vereint, und wieder glücklich sein darf, mehr als glücklich. Aber wir Eltern sind hier, und wir sind äußerst unglücklich.

Die ersten Wochen nach der Beerdigung fühlte ich mich wie abgestorben. Ich war erstarrt vor Schreck, ja lebensunfähig. Kleinste alltägliche Erledigungen wurden zur größten Anstrengung. Kraftlos quälte ich mich durch jeden einzelnen Tag. Besonders schwer war das morgendliche Erwachen, Aufstehen, In-den-Tag-Bewegen. Der Wunsch, nicht mehr zu erwachen, war sehr stark. Wozu dieser Kampf? Wozu noch da sein? Wozu leben? Und vor allem: wie?

Mein Mann, selbst vom Schmerz erdrückt, versuchte für mich zu sorgen, machte mir Frühstück, versuchte mich abzulenken und mich – irgendwie – am Leben zu halten. Aber so viel Kraft hatte er selbst nicht mehr.

Gute Freunde und unsere Sozialbetreuer aus der Schwabinger Kinderklinik informierten uns sehr bald über den Verein »Verwaiste Eltern«. Ich musste viel darüber nachdenken, stellte mir vor, wie sich ein Waisenkind fühlen muss: verlassen, vereinsamt, allein, kraftlos, mutlos, sinnlos. Ja, genau wie ich!

Mein Mann erkannte sehr bald, dass eine echte Chance für uns dahinter steckte. Wir wagten ein erstes Telefonat. Eine warme Stimme am Telefon gab mir sehr freundlich Auskunft und – das war so wichtig – hörte zu, hörte geduldig zu, hatte Zeit und Kraft, mir zuzuhören. Ich bin Frau Schreyer bis heute dankbar für dieses lange Telefonat. Ein freundlicher Brief mit Infos über den Verein »Verwaiste Eltern« erreichte uns schon am nächsten Tag. Und am darauffolgenden Mittwoch saßen wir zum ersten Mal in der offenen Gruppe.

Eine Hand voll Teilnehmer erzählte ihre Schicksalsschläge. Große Betroffenheit auf allen Seiten, aber eben auch so viel großes Verständnis! Ohne viele Worte war sofort zu spüren: Hier sind – endlich! –

Menschen, die mich voll verstehen. Freunde, Nachbarn bemühten sich meist (bis auf einige, die sich aus Angst und Unsicherheit von uns abwendeten), aber wie sollten sie wirklich verstehen können, was wir fühlen, wie es uns geht? Wir konnten uns ja *selbst* nicht mehr verstehen, waren uns selbst und auch gegenseitig fremd geworden. Ich hatte heimlich große Angst, schon verrückt geworden, irre zu sein. Von Menschen, die das Gleiche erlebt, durchlebt und überlebt hatten, erfuhr ich nun, dass meine »wahnsinnigen« Empfindungen ganz normal sind. Welch eine Wohltat! Welch eine Befreiung, verstanden zu werden! Auch die Trauer meines Mannes, die so ganz anders ist als meine, konnte ich durch die vielen Gespräche in der Gruppe annehmen und besser verstehen.

Langjährige Gruppenmitglieder gaben uns sehr aufrichtig ihre Erfahrungen mit dem Leben danach weiter und weckten damit auch bei uns die Hoffnung: Irgendwann gibt es ein Leben, in dem man sich wieder wohl fühlt. Es wird anders sein als vorher, aber es ist möglich, wieder zu lachen, das Leben wieder zu schätzen und Erfüllung zu finden.

Heute, acht Monate nach dem Tod unseres Sohnes, freuen wir uns alle zwei Wochen sehr auf des Treffen und sehnen den nächsten Termin herbei. Die Freundschaft und Liebe, die in der Gruppe und auch bei Seminarveranstaltungen zu spüren ist, die Gemeinschaft mitfühlender Menschen ist für mich lebensnotwendig geworden. Die Tapferkeit der »Langjährigen« und der Gedanke, dass all die Leidensgenossen, die wir inzwischen kennen lernen durften, denselben Schmerz haben und trotzdem leben, ist uns ein großes Vorbild. Danke für die so wertvolle Arbeit!

»Der Tod kennt kein Alter. Die Erfülltheit eines Menschenlebens lässt sich nicht an den Jahren abzählen. Wie reich ein Leben ist, lässt sich vielleicht erahnen an der Fülle der miteinander erlebten Gegenwart.« (Bernhard Murböck)

Karola Kunstmann (38 Jahre)

Wie ein Blitz aus heiterem Himmel
Tod durch Unfall und Gewaltverbrechen

Ungefähr 4500 Kinder und junge Erwachsene kamen im Jahr 1998 durch Unfälle und Gewaltverbrechen ums Leben. Plötzlich gerät die Welt aus den Fugen. Nichts stimmt mehr. Es kann und darf nicht wahr sein. Es ist egal, ob jemand Schuld hat oder nicht – Eltern verlieren ihr Kind, Geschwister ihren Bruder oder ihre Schwester. Von einem Augenblick zum anderen ist die Welt nicht mehr die Gleiche, ist sie ärmer geworden.

Fabian

An diesem Tag war nach dem Winter zum ersten Mal eine Ahnung des nahenden Sommers spürbar. Die Natur erwachte zum Leben. An diesem 3. Mai veränderte sich mein Leben und das meiner Familie von Grund auf.

Unser Sohn Fabian bekam die ersten Erdbeeren des Jahres und zog zum ersten Mal eine kurze Hose an, schon etwas zu klein, da noch vom letzten Jahr. Stolz und glücklich ging er hinaus, voll freudiger Erwartung. Es war geplant, am Nachmittag mit seinem Freund Florian den fünften Geburtstag nachzufeiern. Um 15.30 Uhr wurde Fabian von dem Auto, in dem sein Freund saß, überfahren und so schwer verletzt, dass er um 18.30 Uhr im Schwabinger Krankenhaus starb.

Die ersten Tage nach dem Unfall waren ausgefüllt mit bürokratischen Erledigungen: Bestattungsunternehmen aufsuchen, ein Grab kaufen, die Beerdigung organisieren. Mein Bruder fuhr uns überallhin und half, die notwendigen Schritte zu verrichten. Alles war unwirklich und unfassbar, wurde von uns mechanisch erledigt.

Nach der Beerdigung zogen sich mein Mann Jürgen, unsere Tochter Anna (damals drei Jahre) und ich für ein paar Tage zu meinen Eltern zurück. Doch schon nach einer Woche musste Jürgen wieder arbeiten.

Ich bin ihm heute sehr dankbar dafür, dass er es geschafft hat, weiterzuarbeiten und für uns zu sorgen. Dadurch schuf er einen Rahmen, der uns Stabilität gab. Zum damaligen Zeitpunkt allerdings wünschte ich mir, er könne länger bei mir bleiben. Zeitweise war ich sehr enttäuscht, dass er mich allein ließ. Oft überfiel mich ein Gefühl der Leere. Ich wünschte mir, er könne mich davor schützen.

In den folgenden Wochen, die den Alltag scheinbar wieder zurückbrachten, beschäftigte mich hauptsächlich der Gedanke, wie ein solches Erlebnis zu verkraften ist. Als ich in dem Buch »Verwaiste Eltern« las, wie viele Ehen am Tod eines Kindes zerbrechen, kam Panik in mir auf. Der Gedanke, auch unsere Beziehung könne an dem Verlust zerbrechen, war unvorstellbar und belastend. Wir nahmen uns vor, alles zu tun, um das zu verhindern, zumal Fabian sicher keine getrennten Eltern gewollt hätte. Zum Glück wusste ich zu diesem Zeitpunkt nicht, wie viele Probleme noch auf uns zukommen sollten.

In den ersten Wochen kümmerten wir uns, wenn wir zusammen waren, sehr intensiv umeinander und um unsere Tochter Anna. Wir sprachen oft darüber, wie wir das Leben ohne unseren Sohn bewältigen konnten. Noch lange Zeit packte ich, wenn wir wegfuhren, in Gedanken seine Sachen mit ein.

Ich kümmerte mich um die Adresse einer Selbsthilfegruppe und so bekamen wir Kontakt zu den »Verwaisten Eltern« in München. Es tat gut, diese Gruppe zu besuchen und zu sehen, dass wir nicht allein betroffen waren. In unserem alltäglichen Umfeld kam ich mir bald als Außenseiterin vor.

Da ich wegen der Kinder noch nicht wieder arbeiten ging, war für mich die Tagesgestaltung ein zentrales Problem. Deshalb wollte ich von den betroffenen Frauen vor allem wissen, wie sie ihren Alltag in der ersten Zeit nach dem Tod ihres Kindes gestaltet hatten. Die Frage war für alle schwer zu beantworten, niemand wusste ein »Rezept«. Meine Lösung bestand schließlich darin, mir für jeden Tag einen Aufgabenplan zusammenzustellen. Von Beginn des Tages an konzentrierte ich mich darauf, ihn auszuführen. So fand ich zu einer Struktur, die mir erst einmal Halt gab.

Das Gefühl der Sehnsucht verbat ich mir. Wir hatten alle Bilder von Fabian weggeräumt. Manchmal nahm ich »heimlich« eins aus der

Schublade und weinte um meinen Sohn. Zum Glück wurde ich häufig von meinen Freundinnen eingeladen und zu Unternehmungen mitgenommen. Auch Anna verbrachte viel Zeit mit ihrer Freundin, die gleich nebenan wohnte. In dieser Phase fühlte ich mich wie in einem Vakuum; alles erschien mir wie ein Alptraum. Die Hoffnung, am nächsten Morgen sei alles vorüber, ließ mich abends einschlafen. Vor dem Einschlafen stellte ich mir immer noch einmal den Unfall und die schrecklichen Stunden danach vor. Das war wie ein Zwang, der ungefähr ein halbes Jahr anhielt. Ich konnte nichts dagegen tun.

Zum Zeitpunkt des Unfalls war ich mit unserem dritten Kind im fünften Monat schwanger. Nach der Geburt unseres Sohnes Jakob konnte ich die Selbsthilfegruppe leider nicht mehr besuchen, hatte nur noch telefonische Kontakte. Durch das Baby war ich sehr ans Haus gebunden. Da Jakob sehr wenig und unruhig schlief (er hatte sicher in der Schwangerschaft etwas von dem Unfall mitbekommen), stellte sich bald eine starke Überforderung bei mir ein. Überall sah ich Probleme auf mich einstürzen. Anna begann sich in sich selbst zurückzuziehen, sie wurde körperlich zusehends steif. Jürgen verbrachte viel Zeit bei der Arbeit, kam meist spät nach Hause. Hatten wir am Anfang viel miteinander gesprochen und unsere Gedanken ausgetauscht, begann nun eine Zeit des Schweigens. Jeder versuchte auf seine Art, mit der Situation fertig zu werden. Keiner wollte den anderen zusätzlich belasten. Dies führte zu großer Einsamkeit zwischen uns. Wir begannen uns häufiger zu streiten – auch eine Folge unserer Sprachlosigkeit. Die Redensart »Geteiltes Leid ist halbes Leid« trifft leider in solch einer schweren Krise oft nicht zu.

Eine Freundin machte mich auf die Möglichkeit aufmerksam, mir in einer Beratungsstelle Hilfe zu holen. Über die »Münchner Insel« fand ich einen Berater, der mir anbot, mich auch über einen längeren Zeitraum zu begleiten. Dadurch hatte ich nun jemanden, mit dem ich über mich sprechen konnte, der sich für mich interessierte, den ich belasten konnte. Dies war nicht immer einfach. In den Gesprächen wurde mir mein Gefühl bewusst, versagt zu haben, mein Kind nicht vor dem Tod bewahrt zu haben. Die Aufgaben als Mutter hatten mein Selbstbewusstsein gestärkt; nun fühlte ich mich umso minderwertiger. Außerdem plagte mich eine unbändige Wut, die nachts ausgelöst

wurde, wenn Jakob schrie. Diese Wut »nagte« an meiner Selbstach-
tung. Aber die Gespräche in der »Insel« halfen mir, mich und meine
Reaktionen besser zu verstehen. Es wurde mir möglich, die Wut als
Auflehnung gegen das Schicksal zu akzeptieren. Die Wertschätzung,
die ich in der Beratung erfuhr, gab mir ganz langsam meinen Lebensmut zurück. Leider kamen bald neue Probleme hinzu: Schulschwierig-
keiten von Anna, Asthma bei meinem Mann und Jakob.
Nach anderthalb bis zwei Jahren war Fabians Tod für die meisten
schon weit weg, das Verständnis nahm ab. Bei mir war das ungefähr
der Zeitpunkt, an dem ich anfing, die Endgültigkeit des Verlustes zu
begreifen. Ein schwerer Schritt war die Umgestaltung des gemeinsamen Kinderzimmers von Fabian und Anna. Da verstand ich erstmals
in meinem Leben, was es bedeutet, wenn man sagt: »Mir brach es
das Herz.« Ich verstaute alle persönlichen Dinge von Fabian in einem
Schränkchen. Es war mir nicht möglich, die Kleidungsstücke wegzuge-
ben. Erst viele Jahre später war ich dazu in der Lage. Drei Lieblings-
stücke meines Sohnes bewahre ich heute noch auf. Ich bin immer
wieder erstaunt, wie klein er zum Zeitpunkt seines Todes war. Er war
erst fünf Jahre alt!
Besonders schmerzlich erlebte ich den Tag, an dem Fabian in die
Schule gekommen wäre. All seine Freunde aus dem Kindergarten gingen stolz mit ihren Schultüten in diesen neuen Lebensabschnitt. Ich
sah sie auf ihrem Weg, nur unser Sohn war nicht dabei.
Es ist schwer, für eine Familie zu sorgen, wenn man selbst so tief in
der Trauer steckt, und es ist schwer, die eigene Trauer zu bewältigen,
wenn die Familie Hilfe braucht. Lange Zeit stand für mich die Sorge
um meine Kinder im Vordergrund. Sie taten mir Leid, schon so früh
mit solchen Schwierigkeiten konfrontiert zu sein und Eltern zu haben,
die überwiegend traurig waren. Auf der anderen Seite waren mir die
Kinder auch eine Hilfe, denn ich musste sie versorgen und konnte
mich nicht gehen lassen. Das Leben ging weiter, Gefühle hatte ich
kaum, erlaubte sie mir nicht. Wie ich das geschafft habe, ist mir jetzt
kaum noch vorstellbar. Rückblickend waren die ersten fünf Jahre die
schlimmsten. Ich bezeichne sie als meine Wüstenjahre. Ich lebte mehr
oder weniger von einem Tag zum anderen und löste die Aufgaben,
die jeder Tag mir stellte.

Das Thema »Loslassen« war zunehmend ein Problem für mich. Ich hatte keine Vorstellung, wie ich das praktizieren sollte. Die Angst, Fabian ganz zu verlieren, erschreckte mich. Andererseits hatte ich ihm gegenüber Schuldgefühle und befürchtete, er könne durch mein Festhalten seinen Weg nicht gehen. Das wurde mir auch oft in Gesprächen vermittelt, was es nicht unbedingt leichter machte. Ein Seminar in Fürstenried war für mich der entscheidende Durchbruch. Ich lernte, die »Lebensmelodie« meines Kindes – die Dinge, die Fabians Persönlichkeit ausmachten – in mein Leben zu integrieren, konnte Fabians Wesen in mir spüren. Das Kämpferische, Offene, Kontaktfreudige, seine Lebensfreude, all das war auf einmal wieder da und durfte spürbar sein. In diesem Seminar lernte ich, dass Fabian in mir weiterlebt.

Während ich meinen Weg in der Trauer ging, wuchsen die Schwierigkeiten in der Partnerschaft. Es wurde zunehmend schwierig, miteinander zu sprechen. Jeder befand sich erschreckend weit vom anderen entfernt. Phasenweise schafften wir es nur durch Streit, in Kontakt zu kommen. Wir brauchten Hilfe, um anders zueinander zu finden. Zum Glück erklärte sich mein Mann bereit, mit mir zusammen zur Beratung zu gehen. Es dauerte einige Zeit, doch dann stellten sich Erfolge ein.

Ich hatte oft den Gedanken: Wenn der Tod unseres Sohnes nicht umsonst gewesen sein soll, dann muss ich etwas in meinem Leben verändern. Als Jakob in den Kindergarten kam, entschloss ich mich zu einer viermonatigen Ausbildung beim Telefonnotruf für Suchtgefährdete. Sechs Jahre arbeitete ich dort ehrenamtlich und engagierte mich zusätzlich in einem Projekt der Münchner Helfer. Diese Aktivitäten förderten mein Selbstvertrauen. Langsam wuchs in mir der Wunsch, meine Erfahrungen weiterzugeben, therapeutisch zu helfen, so wie ich selbst Hilfe erfahren hatte. 1992 begann ich eine vierjährigen Ausbildung zur Eheberaterin. Das brachte für die Familie einige Veränderungen mit sich. Aber da es mir besser ging mit dieser neuen Aufgabe und der beruflichen Perspektive, profitierten alle davon. Mit Eifer stürzte ich mich in die Arbeit und wurde mit viel Neuem konfrontiert. Die Arbeit mit Rat suchenden Menschen machte mir große Freude. Auch für meine Ehe bekam ich entscheidende Impulse.

Der Kontakt zum Verein »Verwaiste Eltern« war im Laufe der Jahre spärlicher geworden. Deshalb nahm ich das Angebot gerne an, eine Gruppe betroffener Eltern zu begleiten. Ein Jahr betreute ich die offene Gruppe, ein Jahr die Frühtodgruppe. Meine eigene Betroffenheit ermöglichte mir eine gute Einfühlung in die Teilnehmer, wurde aber auch zur Belastung. Die Erzählungen der Eltern erinnerten mich natürlich sehr an meine eigene Geschichte und weckten alten Kummer.

Die Sehnsucht nach Fabian habe ich lange Zeit nicht zugelassen, um weiter funktionieren zu können. Heute, nach 14 Jahren, kann ich es mir erlauben, den Verlust zu spüren und meiner Trauer nachzugeben. Vieles hat sich zum Positiven hin verändert, aber der Schmerz über den Tod unseres Sohnes Fabian kommt immer wieder.

Es ist schrecklich, schwanger am Grab des eigenen Kindes zu stehen. Es ist schwer, sich um die lebenden Kinder zu kümmern und sie gut zu versorgen, während die Trauer einen zu überwältigen droht.

Heute habe ich die Trauer, aber sie hat nicht mehr mich. Ich bin glücklich über meine Kinder und stolz darauf, mit meinem Mann zusammen diese Krise bewältigt zu haben. Mein Beruf als Eheberaterin und inzwischen als Familientherapeutin macht mir viel Freude. Durch meine Mitarbeit im Vorstand der »Verwaisten Eltern« kann ich mich auch hier für etwas Wichtiges engagieren.

Manchmal überkommt mich eine große Sehnsucht nach Fabian. Dieses Gefühl möchte ich aber nicht missen, denn es lässt mich die Liebe zu meinem verstorbenen Kind spüren.

Ich danke allen, die mich gehalten und ausgehalten haben. Sie haben dazu beigetragen, dass ich in ein aktives Leben zurückfinden konnte. Auf meinem Weg durch die Wüste zurück ins Leben habe ich, neben all dem Kummer, insgesamt viele gute Erfahrungen gemacht.

Susanne Sielaff (45 Jahre)

Ich kann mir Fabian im Alter von 19 Jahren gar nicht richtig vorstellen. Gerade dieses Alter birgt viele große Entwicklungsschritte: Ablösung vom Elternhaus, berufliche Weichenstellung ... Ich schaue mir seine Spielkameraden von damals an – junge Frauen und Männer mit ganz konkreten Lebensvorstellungen. Aber in meiner Erinnerung ist Fabian der kleine agile Junge von fünf Jahren. Es gelingt mir nicht, diese Brücke über die vielen Jahre zu schlagen.

Die Trauer ist nicht mehr Bestandteil eines jeden Tages. »Die Zeit heilt alle Wunden«, so lautet eine Redensart, die schreckliche Erlebnisse überwinden helfen soll. Fragen bleiben. Warum hat es gerade uns getroffen? Hätte ich besser aufpassen müssen? Die Leere und das Gefühl, dass etwas fehlt in der Familie, auch das bleibt.

Die Erinnerung an den schrecklichen Tag verblasst nie. Damals, ein paar Tage nach dem Reaktorunglück in Tschernobyl, sickert langsam die Nachricht durch, dass Kinder im Hause bleiben und nicht im Freien spielen sollen. Es sind die ersten schönen warmen Tage des Jahres, Anfang Mai 1986. Wir haben Freunde eingeladen, damit die Kinder zusammen spielen können. Fabian ist voller Erwartung und lauert draußen vor der Tür. Dann klingelt es. Christiane, unsere Bekannte, hat Fabian schwer verletzt auf dem Arm. Die bangen Stunden vor dem OP – dann die schlimmste Nachricht. Alles ist immer noch ganz nah.

Die ersten Wochen nach dem Unfall waren schrecklich. Ich konnte keinen klaren Gedanken fassen. Der Alltag verging mechanisch. Viel Mitgefühl wurde uns von Freunden und Verwandten entgegengebracht; dennoch war ich allein und kapselte mich ab. Die ersten Stunden bei den »Verwaisten Eltern« waren vom Zuhören geprägt. Ich brachte kein Wort heraus über das schreckliche Geschehen und über meine Gefühle. Das Zuhören, Wahrnehmen, dass es ähnliche Schicksale gibt, hat mir in der ersten Zeit sehr geholfen. Dennoch igelte ich mich weiter ein, auch gegenüber Susanne und unserer Tochter Anna.

Im Oktober des gleichen Jahres wurde unser Sohn Jakob geboren. Freude – ja, natürlich. Aber Tod und Leben in so kurzer Zeit zu erleben, brachte mich noch mehr durcheinander. Für Susanne und mich begann eine sehr anstrengende Zeit. Jakob schlief die ersten 24 Monate nicht durch. Immer nur zwei, drei Stunden am Stück zu schlafen raubte uns die letzten Kräfte. Die Familie war bis an die Grenze belastet. Ich vergrub mich in meine Arbeit. Morgens, beim Verlassen des Hauses, zog ich einen »anderen Mantel« an und verdrängte den ganzen Tag die Gedanken an die Familie. Am Abend kam die Familie dann umso mächtiger auf mich zu. Wir hatten viele Auseinandersetzungen, sprachen auch von Trennung. Anna, bei Fabians Tod drei Jahre alt, zog sich in sich selbst zurück. Sie war beängstigend unauffällig und »lief« im Alltag mit. Schulprobleme begannen bereits in der ersten Klasse. Das belastete die Familie zusätzlich.

Meine Frau ergriff dann die Initiative, holte Hilfe von außen und versuchte ihre Situation zu klären. Die »Verwaisten Eltern« und die Münchner Insel waren dabei für sie eine große Hilfe. Wir waren grundverschieden in unserer Art, mit Fabians Tod umzugehen. Mir reichten die regelmäßigen Treffen bei den »Verwaisten Eltern«, um die Trauer als Teil meines Lebens zu verstehen.

Aber unsere Beziehungs- und Familienkrise war damit nicht beendet. Der Graben zwischen Susanne und mir schien immer tiefer zu werden. Erst durch Gespräche bei einem Therapeuten konnten wir unser gemeinsames Schicksal thematisieren. Sie halfen mir, über die Besprechung alltäglicher Konflikte an den eigentlichen Kern heranzukommen. Das gemeinsame Verarbeiten von Fabians Tod half, eine Brücke zwischen uns zu bauen.

Als nächsten Schritt versuchten wir, mit Hilfe einer Familientherapeutin auch die Kinder mit einzubeziehen. Es war ein mühsamer Prozess, der sich über mehrere Jahre hinzog. Viele Täler haben wir dabei durchschritten. Susanne hat immer wieder Anknüpfungspunkte gefunden, um zusammen weiterzukommen. Die Kinder haben sich in den letzten Jahren ebenfalls stabilisiert, und ich sehe mit Zuversicht in die Zukunft. Meiner Frau danke ich, dass sie so viel Energie aufgebracht und unsere Beziehung und die Familie aus dieser schweren Krise herausgeführt hat.

Jürgen Sielaff (47 Jahre)

Daniel

Wie so oft, wenn das Wetter es zuließ, unternahm ich auch an diesem Karfreitag mit meiner Frau und unserem jüngsten Sohn eine Radtour.

Froh gestimmt fuhren wir auf ruhigen Wegen durch die heimatliche Umgebung. Nur einmal mussten wir für wenige hundert Meter auf einer Staatsstraße fahren, um von einem Feldweg auf den anderen zu gelangen. Mit Daniel in der Mitte ordneten wir uns zum Abbiegen ein. Meine Frau hatte schon fast die andere Straßenseite erreicht, als Daniel ihr hinterherfuhr. Im Zurückschauen sah sie unseren Sohn rücklings durch die Luft fliegen und dann mit dem Hinterkopf auf dem Asphalt aufschlagen. Er ist so ruhig, warum schreit er denn nicht?, fragte sie sich, ehe sie eine beklemmende Gewissheit überfiel: Er ist tot!

Ein Motorradfahrer hatte unseren radelnden Buben übersehen und von hinten mit dem Seitenspiegel erwischt. Daniel war auf der Stelle tot. Er wurde nur sieben Jahre alt.

Die Endgültigkeit wurde uns an jenem Karfreitag zu einem unvorstellbaren Schockerlebnis. Zwanzig Minuten mussten wir auf den Notarzt warten, der dann nur noch den Tod bestätigen konnte, eine weitere halbe Stunde auf den Leichenwagen. Kein Mensch kümmerte sich um meine Frau und mich. Auch danach nicht, als der Leichnam unseres Kindes einfach in einen metallenen Sarg gelegt und weggefahren worden war.

Irgendwann hat sich dann ein Fremder erboten, uns heimzufahren.

Am nächsten Morgen wird der Alptraum endgültig zur schmerzhaften Realität. Du wachst auf, hörst die Müllabfuhr und denkst: Das Leben kann doch nicht einfach weitergehen, das gibt es doch nicht! Doch die Welt ist unerbittlich. Sie bleibt nicht stehen, auch wenn man sie nicht mehr sehen will, die Rollläden unten lässt, die Sonne meidet.

Anfangs hat man ständig das Gefühl, jedem von dem Unfall erzählen zu müssen – ein Bedürfnis, das zu stillen die Umwelt kaum zulässt. Da vermeiden Bekannte, ja Freunde geflissentlich, das Thema anzusprechen, aus falscher Scheu, eine Wunde aufzureißen, aus Angst, mit dem Tod eines Kindes konfrontiert zu werden, das auch das eigene hätte sein können. Die Menschen meinen, nach ein paar Monaten sei alles vorbei und man müsse wieder die oder der Alte sein. Doch das kann nie mehr werden.

Nach etwa einem halben Jahr stießen wir auf die Selbsthilfegruppe der »Verwaisten Eltern«. Dort endlich, so ganz ungezwungen, konnte vor allem meine Frau frei heraus reden. Da verstand es jeder, dass sie wieder und wieder von dem Unfall erzählte. Da hielt sie niemand für verrückt, wenn sie in der ersten Zeit drei Mal am Tag auf den Friedhof zum Grab ihres Kindes ging. Und keiner forderte sie jemals auf, sich zusammenzureißen.

Sich den Schmerz ein wenig von der Seele zu reden und damit die Trauer zulassen zu können, das ist die eine Wohltat, die in der Selbsthilfegruppe zu erfahren ist. Eine andere ist die Relativierung des eigenen Schicksals, von dem ich zuvor geglaubt hatte, es sei das Schwerste. Nicht zuletzt mit Hilfe der »Verwaisten Eltern« haben wir gelernt, mit unserer Trauer umzugehen, das heißt sie als Bestandteil unseres Lebens zu akzeptieren.

Werner (62 Jahre) und Barbara Maletz (56 Jahre)

Viel Schönes könnte ich schreiben,
aber auch viel Trauriges,
hat ER mein Leben doch sehr verändert,
hat ein tiefes Loch gerissen,
hat viele offene Wunden zurückgelassen;
doch je mehr die Zeit vergeht,
desto erträglicher wird es –
die Erinnerungen werden wach,
die Freude seines Lebens
tritt in den Vordergrund,
ich vergesse mehr und mehr die Wunden,
vergesse aber nie sein Leben;
denn es brachte so viel Glück,
und das kommt heute wieder,
weil ich gelernt habe
mit seinem Tod zu leben.

Christoph Maletz (30 Jahre, ca. zwei Jahre nach dem Tod seines Bruders Daniel geschrieben)

Markus

Am Heiligabend 1972, einem Sonntag, wird unser Christkind geboren. Auf dem Gang der Klinik erklingen Weihnachtslieder, die Kerzen am Christbaum in der Halle leuchten durch die geöffneten Türen in die Zimmer der Mütter. Ich halte mein Christkind, unseren Sohn Markus in den Armen, noch geschwächt von der Geburt. Noch kann ich das Glück nicht ganz fassen, aber mit tiefer Dankbarkeit höre ich das seit Urzeiten vertraute Lied: »Stille Nacht, heilige Nacht ... holder Knabe im lockigen Haar ...« Und meine Seele wird berührt wie wohl an keinem Weihnachtsfest zuvor.

Markus wächst heran zum Knaben im lockigen Haar. Seine ältere Schwester Maria, ein empfindsames braves Mädchen, ist eifersüchtig. Für sie kam der Bruder zu früh, sie hätte mit ihren anderthalb Jahren noch länger die alleinige Zuwendung von Mama und Papa gebraucht. Weitere anderthalb Jahre später kommt unser drittes Kind Monika zur Welt. Die drei wachsen eng zusammen, sind fast unzertrennlich. »Ich brauche noch keinen Freund, ich habe meinen Bruder«, sagt die 17-jährige große Schwester. Und die kleine Schwester eifert dem sportlichen und musikalisch begabten Bruder nach.

Dann der Absturz. 10. September 1988: Bei einer Gletscherüberquerung mit dem Onkel, dessen Bergkameraden und seinem Sohn Klaus stürzen vier Menschen in den Abgrund. Markus ist tot, der Vater von Klaus ist tot, die beiden anderen überleben.

Wir alle, Vater, Mutter, die Schwestern, stürzen mit in den Abgrund. Ein jeder von uns bleibt an einer anderen Stelle liegen, von den anderen nicht erreichbar. Im unsagbaren Schmerz, in größter Verzweiflung sind wir nicht in der Lage, uns aneinander wieder aufzurichten. Der Vater sucht das Überleben in der Arbeit, die große Schwester funktioniert einwandfrei in ihrem Maturajahr und niemand sieht, dass sie innerlich vereinsamt, die jüngere Schwester wird mit 14 Jahren schlagartig ihrer Kindheit und Jugend beraubt. Die Mutter scheint von der Trauer verschlungen zu werden, zieht sich zurück, kann ihren Beruf nicht mehr ausüben, nimmt kaum wahr, dass es da noch eine »Restfamilie« gibt.

Heute, beinahe zwölf Jahre später, erfreue ich mich an den blühenden Geranien, wenn ich zum Fenster hinausblicke, an meinem Garten, an dem schönen Sommertag, und weiß dennoch um die lange wehe Zeit, da es schien, als könne es nie mehr Freude im Leben geben.

Wie schafften wir es doch? Was ließ uns weiterleben, überleben? Auf der verzweifelten Suche nach einem Weg, das Unerträgliche auszuhalten, lernte ich eine ehemalige Mitarbeiterin der Telefonseelsorge kennen, die auch um einen Sohn trauerte. Wir gründeten 1989 in Linz eine Selbsthilfegruppe für trauernde Eltern und fanden im Austausch mit anderen Betroffenen Verständnis und Heimat. Die Hilfe, die ich im Kontakt mit den mir lieb gewordenen anderen Müttern und (wenigen) Vätern fand, konnte ich später als Hilfe für neue Betroffene weitergeben. Dankbar erfuhren wir von »Verwaiste Eltern Deutschland e. V.«, und das Jahresheft dieses Vereins wurde uns zum wertvollen Begleiter. Auch innerhalb Österreichs lernten wir die Gruppen in den anderen Bundesländern kennen. Leider ist es uns bislang noch nicht gelungen, eine Dachorganisation zu gründen. Wir haben aber gelernt, geduldig einen Schritt nach dem anderen zu gehen, und so werden sich die Dinge weiterentwickeln.

Heute darf ich mich als Expertin in Sachen Trauer bezeichnen. Ich studierte Trauerliteratur, besuchte Seminare und Fortbildungsveranstaltungen und begann mit Kindern in Trauersituationen zu arbeiten. Auch als Referentin in der Erwachsenenbildung bin ich immer wieder betroffen, wie vielen Menschen ich begegne, die eine nie gelebte Trauer tief verschlossen mit sich herumtragen, ohne zu wissen, dass diese verdrängten Gefühle ihr Leben beeinträchtigen. »Uralte« Trauer kann dann doch noch oft ihren Weg nach außen finden. Mein Leben ist geprägt von dem inneren Auftrag, meine Erfahrungen mit anderen zu teilen, sie mitzuteilen und beizutragen, der Verdrängung von Sterben, Tod und Trauer in unserer Gesellschaft entgegenzuwirken. Vielleicht ist das das Vermächtnis, das mir mein Sohn hinterlassen hat. Es macht mich wütend, wenn ich sehe, wie man mit Trauernden umgeht, wie man sie ihres Rechtes auf Abschied beraubt, wie man ihren Schmerz abwertet oder sie mit Medikamenten ruhig stellt in der Meinung, das Beste für die Hinterbliebenen zu tun. Wie viel muss da unsere Gesellschaft noch (um)lernen!

Im Oktober 1999 gaben wir zum 10-jährigen Bestehen unserer Selbsthilfegruppe das Buch »Weiterleben nach dem Tod eines Kindes«
heraus, und es tut uns gut, so viele positive Rückmeldungen zu bekommen.

Das »Stille Nacht«-Lied kommt jedes Jahr unerbittlich wieder. Weihnachtslieder rühren an den Schmerz. Aber der Schmerz steht nun
nicht mehr im Vordergrund, klingt wieder ab, die Tränen versiegen.
Ich habe gelernt, mit dem Tod meines Sohnes zu leben.

Die Trauerwege meiner Familie waren oft einsame Wege jedes Einzelnen, leider zu sehr dominiert von meiner unermüdlichen Arbeit in
der Selbsthilfegruppe, meiner Vortragtätigkeit, meinem Einsatz für die
Rechte trauernder Eltern und Geschwister. Doch wage ich aus meiner
Sicht zu sagen, dass ich meine Stabilität und meine Kraft für »das
Leben danach« nur auf diesem Weg wieder gefunden habe und dass
ich nur damit meinem Mann und meinen erwachsenen Töchtern wieder Liebe und Unterstützung geben kann.

Josefine Mülleder (53 Jahre)
Gründerin und Leiterin der Selbsthilfegruppe »Trauernde Eltern,
Linz/Oberösterreich«

Christoph

Ich höre mich noch sagen: »Nimm doch mein Auto!«, doch Christoph
lehnt ab. Ich sehe vor mir, wie sie sich alle in den kleinen VW-Polo
zwängen: mein Bruder Christoph, sein Freund Florian und dessen
Freundin Celine. Sie wollen gemeinsam in die Ferien nach Italien; das
kleine Auto ist bis unters Dach vollgestopft mit der Ausrüstung für
den Campingurlaub. Auf dem Dachgepäckträger die Surfbretter, alle
sind bester Laune. Ich habe ein schlechtes Gewissen, dass sie sich in
ihr kleines Auto quetschen, denn ich fahre einen großen alten Kombi,
den ich eigentlich auch nur für meine Urlaubsreisen benötige. Aber
Christoph weiß, wie lange ich daran herumgeschraubt habe und wie
sehr ich an diesem Auto hänge ... Er will es nicht nehmen.

Wir verabschieden uns schnell, damit keine Zeit für Sentimentalitäten aufkommt. Ich nehme ihn kurz in den Arm, wünsche ihm einen tollen Urlaub und sage noch mit einem kleinen Augenzwinkern: »Schlaf nicht ein beim Fahren!«

Es kommt eine Karte aus Italien, die von viel Spaß und (Lebens-)Freude erzählt.

Der 27. August 1994 ist ein wunderschöner Sommermorgen. Er beginnt wie ein normaler Samstag: Ich bin wieder am Basteln, diesmal an meinem Motorrad, und gehe zu meinem Freund Karim, um mir ein Werkzeug auszuleihen. Nach einer halben Stunde, als ich mit ihm zusammen zurückkomme, sehe ich meine Mutter mit schmerzverzogenem, kreidebleichem Gesicht am Küchenfenster stehen: »Kathrin, es ist etwas ganz Schreckliches passiert.«

Ich laufe hinein, sie sitzt mittlerweile auf dem Küchenfußboden und weint. Unter Tränen erzählt sie von Florians Anruf aus einem italienischen Krankenhaus. Von einem Autounfall ist die Rede und davon, dass er nicht weiß, wo Christoph ist. Eine Krankenschwester hat mit einem der italienischen Handwerker gesprochen, die gerade unser Haus weißeln. Das Wort »morte« sei gefallen ...

Jetzt wird mir mulmig, ich handle wie in Trance, herrsche Karim an, sich um meine Mutter zu kümmern. Dann rufe ich den ADAC an und frage nach einem Helikopter-Rückflug für Christoph. Mein Vater kommt inzwischen wie betäubt von der Arbeit nach Hause, hat alles stehen und liegen gelassen. Alles läuft ab wie ein Film. Ich handle vollautomatisch, ohne nachzudenken. Ich fühle nichts, alles ist in mir abgestorben. Meine Eltern wollen mit dem Auto nach Italien fahren. Ich höre mich sagen: »Ihr fahrt nicht mit dem Auto, sonst passiert euch auch noch was. Ich bringe euch zum Bahnhof.« Zwei Stunden später sitzen sie im Zug nach Italien; sie haben nur ein paar Dinge zum Anziehen und einige wichtige Papiere zusammengerafft. Auch die Mutter von Florian ist dabei. Ich bleibe zu Hause, um von München aus weitere Schritte einleiten zu können. Die Fahrt zum Bahnhof ist die Hölle, ich kann und will sie nicht alle drei weinen hören. Ich will alles aus mir herausschreien und bringe doch keinen Ton zustande.

Dann sind sie weg und ich habe plötzlich Zeit, die Geschehnisse an mir vorbeiziehen zu lassen. Ich kapiere absolut nichts. Das Erste, was ich tue, ist zum Zigarettenautomaten zu gehen. Ich kaufe gleich drei Schachteln in der Angst, sie könnten mir ausgehen, und rauche eine nach der anderen, obwohl ich eigentlich damit aufgehört hatte. Mein Kopf ist wie betäubt. Ich funktioniere wie ferngesteuert, treffe auf der Straße Freunde, es hat sich mittlerweile herumgesprochen. Keiner weiß, wie er sich verhalten oder was er sagen soll. Julian meint: »Es wird schon nicht so schlimm sein ...« Er will gerade heute in den Urlaub nach Korfu fliegen, ist bester Stimmung und ich könnte ihm dafür den Kopf abreißen. Ich treffe Stephan und er meint: »Jetzt warte erst einmal ab ...«

Abwarten! Ich kann nicht warten. Es ist furchtbar, untätig sein zu müssen. Ich dachte immer, ich sei geduldig, aber jetzt ist es unmöglich. Um mich abzulenken, fahre ich mit an den Flughafen, um Julian zu verabschieden. Mir ist übel, ich kann die Sonne nicht ertragen. Es ist so hell und so heiß, ich mache das Autofenster auf und wieder zu, weil es mich innerlich friert. Ich setze eine Sonnenbrille auf, was ich normalerweise nie tue. Ich will niemanden sehen, nur meine Ruhe haben und die Zeit um zehn Stunden zurückdrehen, alles ungeschehen machen.

Dann laufe ich wie ein eingesperrter Tiger im Haus hin und her und warte auf einen Anruf meiner Eltern, um zu erfahren, was wirklich passiert ist.

Gegen Abend endlich das »ersehnte« Telefonat: Christoph ist im Auto verbrannt. Er ist tot. Meine Eltern erzählen sehr traurig noch mehr: dass sie im Krankenhaus untergebracht sind, mit Florian gesprochen haben, was sie organisieren müssen und dass ich nichts tun kann. Ich muss nur erreichbar sein, falls sie noch Daten oder Unterlagen benötigen.

Ich lege auf, bin wie in Trance. Die Ereignisse des Tages laufen immer wieder wie ein Film vor meinen Augen ab. Ich habe es immer noch nicht begriffen, verbringe den Abend in einem Café mit vielen Freunden. Sätze, die an diesem Abend fallen, sind wie eingebrannt in mein Gedächtnis. Ihre »oberflächlichen« Gespräche, ihr scheinbar sorgloses Lachen kann ich kaum ertragen, bin aber still und erzähle nichts. Ich bin nur froh, dass ich nicht allein bin und jemand da ist, auch wenn mir momentan keiner helfen kann.

Später stelle ich alles infrage: mein bisheriges Leben, getroffene Ent-
scheidungen, meine Freundschaften, den Sinn des Lebens. An Schlaf
ist nicht zu denken.
Unfähig, mich auf alltägliche Ereignisse zu konzentrieren, gehe ich am
Montag wieder arbeiten. Meine Kollegin und Freundin Karin hat die
Abteilung schon vorgewarnt, nachdem ich sie gleich am Samstag angerufen und ihr kurz die Vorkommnisse erzählt hatte. Ich stoße auf
Verständnis, werde mit ihr zum Kaffeetrinken auf den Viktualienmarkt
geschickt und darf nach Hause gehen, wenn ich mich nicht zum
Arbeiten fähig fühle. Ich kann diesen Platz nicht ertragen, es ist
hektisch und laut, die Leute sind unfreundlich, schreien sich an und
regen sich über unwichtige Dinge auf.
Am Dienstag kommen meine Eltern aus Italien zurück. Sie stehen unter Beruhigungsmitteln. Keiner von uns hat Hunger, wir zwingen uns
zum Essen, regeln alle Formalitäten mit dem städtischen Bestattungs-
amt. Ich fühle mich dort sehr unwohl, nicht mit dem nötigen
»Respekt« behandelt.
Mein Vater kann nicht mehr Auto fahren, er holpert über den erstbes-
ten Randstein und überfährt eine rote Ampel. Ich bekomme Panik,
die Kontrolle scheint mir aus den Händen zu gleiten, ich fahre selbst
weiter. Wir suchen eine »schöne« Grabstätte aus, mit viel Licht und
Sonne. Die Trauerkarten werden in Eigenregie hergestellt, der an-
stehende Gottesdienst besprochen und mit eigener Musik gestaltet, genauso die Beerdigung.
Ich beginne »Gott« zu hassen. Wie kann er nur all diese Dinge zulassen? Gibt es überhaupt einen Gott, der so grausam sein kann??
Die Zeremonie der Beerdigung ist ziemlich nüchtern. Ich habe das
Gefühl, gar nicht anwesend zu sein, tröste Verwandte und Freunde,
ohne selbst zu weinen. Ich will es auch gar nicht. Vielleicht, weil ich
es nicht wahrhaben will.
In den darauffolgenden Wochen breche ich mit fast all meinen langjährigen Freunden. Ich habe nicht die Kraft, sie anzurufen, und sie
sind unsicher, wie sie sich verhalten sollen. Sogar meine Beziehung zu
Karim funktioniert nicht mehr, nachdem ich mich um 180 Grad gewendet habe. Ich kann nicht mehr lachen, meine Ausbildung macht
mir keinen Spaß mehr. Ich kann mich nicht auf Prüfungen konzentrie-

ren und werde schlecht in der Schule. Aber ich finde einen neuen Freund, der mir sehr gut zuhören kann, bei dem ich auch nach Monaten noch traurig sein darf. Und irgendwann lässt mich der Gedanke nicht mehr los, nach Forli zu fahren, an den Ort des Unfalls. Ich möchte genau zum ersten Jahrestag dort sein, und sogar meine Eltern finden die Idee gut. Sie wollen mich dort treffen.

Mein Freund Marcus bastelt ein kleines blaues Holzkreuz und wir fahren gen Süden. Es ist schwer, die genaue Stelle neben der Autobahn zu erkennen, denn das Gras ist schon wieder trügerisch darüber gewachsen. Und dann erscheint es fast unwirklich, in dem Graben neben der Straße zu sitzen und noch Plastikteile des VW-Polo zu entdecken. Zum ersten Mal kann ich richtig traurig sein und zünde eine kleine Kerze für Christoph an.

In seinem Geldbeutel, der beim Unfall aus dem Auto geschleudert worden war, fanden wir einen von ihm geschriebenen Spruch: »Es ist besser, ein Licht anzuzünden als die Dunkelheit zu verfluchen.« Welche Gedanken gingen ihm wohl durch den Kopf, als er diesen Text schrieb? Es kommen immer wieder dieselben Gedanken hoch: Vorwürfe, ihm nicht das größere Auto aufgedrängt zu haben, ihm überhaupt erlaubt zu haben, so weit zu fahren. Und dieselben Fragen: Warum sind sie nachts zurückgefahren und nicht ausgeruht am nächsten Morgen? Warum haben seine beiden Freunde fast unbeschadet überlebt, er aber nicht diese Chance gehabt?

Ich werde manchmal ungerecht, wenn ich mir solche Fragen stelle. Es wird wohl sein »Schicksal« gewesen sein, und vielleicht ist ihm in dieser oft so furchtbaren Welt ja auch einiges erspart geblieben. Aber manchmal möchte ich auch mit ihm tauschen, ihm die Gelegenheit geben, die schönen Dinge zu erleben, die ich noch erleben darf.

In den nächsten Jahren ändere ich mein Leben ziemlich drastisch: ziehe seine Kleidung an, obwohl sie mir viel zu groß ist, höre seine Musik, die ich vorher nie gemocht habe, gehe an Orte, an denen er sich oft aufgehalten hat. Vielleicht nur, um ihm nahe sein zu können. Manche erklären mich für verrückt, wenn ich in seiner Bettdecke schlafe, aber ich habe das Gefühl, dass ich mich jetzt mit ihm und seinem Tod beschäftigen und über ihn sprechen muss, um nicht irgendwann in zwanzig Jahren davon eingeholt zu werden.

Mit meinen Eltern kann ich kaum über Christoph sprechen. Meine Mutter wird traurig und weint, mein Vater meidet das Gespräch. Er vergräbt sich in seine Arbeit, um sich abzulenken. Ich finde die Geschwistergruppe der »Verwaisten Eltern« in München, gehe dort einmal im Monat hin, mache ein Wochenendseminar für Geschwister mit. Früher hätte ich mir nie über so etwas Gedanken gemacht.

Ab und zu falle ich wieder in das »schwarze Loch«, das mich anfangs so oft gefangen hielt. Doch es wird immer seltener, und irgendwann habe ich sogar die Kraft und den Mut, meine Eltern zu einem gemeinsamen Wochenendseminar zu überreden. Es sind anstrengende und zermürbende Tage, aber wir haben das Gefühl, dort gut aufgehoben zu sein und von den anderen Familien verstanden zu werden.

Unser Familienleben hat sich verschoben. Es ist nie mehr so geworden, wie es früher einmal war. Aber mittlerweile kann ich auch sagen, dass wir gedanklich manchmal weiter sind als »normale« Familien.

Ich habe mich sehr verändert, setze meine Lebensprioritäten anders, wähle Freunde anders aus. Ich bin ernster, kritischer und erwachsener geworden als viele in meinem Freundeskreis. Das macht es ab und zu auch schwer, sich in den Alltag integrieren zu lassen.

Es bleibt wohl immer die Frage nach dem Warum. Aber sie wird kleiner und ist einfacher zu bewältigen.

Kathrin Mayr (27 Jahre)

Marcus

Bis zum 1. Juli 1985 waren wir eine ganz »normale«, glückliche vierköpfige Familie mit den üblichen Höhen und Tiefen. In der Nacht vom 1. zum 2. Juli erlitt unser damals 18-jähriger Sohn Marcus einen schweren Unfall, durch eigenen Leichtsinn beim Trampen verursacht. Zunächst schien es, als sei alles glimpflich abgegangen: keine inneren Verletzungen, »nur« Brüche und Prellungen. Doch am Abend des 5. Juli trat ein Lungenschock ein, damals nicht behandelbar, und es ging rapide abwärts. Marcus starb am 8. Juli 1985 um 19.05 Uhr.

Ich stand völlig neben mir, wollte und konnte alles nicht wahrhaben, »funktionierte« nur noch. Mein Mann versuchte mich zu stützen, so gut er konnte. Trotzdem geriet unsere Beziehung in eine tiefe, lang anhaltende Krise.

Durch Zufall entdeckte ich in einer Zeitschrift eine Reportage über die »Verwaisten Eltern Hamburg«. Sofort schrieb ich dorthin und erfuhr, dass in München im Oktober 1985 auf einem Forum eine Selbsthilfegruppe mit gleichem Ziel vorgestellt werden sollte. Bei diesem Forum lernte ich die Gründerin der Münchner Gruppe kennen, Tina Quack, deren Engagement ich schon bei dieser ersten flüchtigen Begegnung sehr bewunderte. Damals erst wurde mir bewusst, dass wir in München nicht die einzigen Eltern waren, die ein Kind verloren hatten und versuchten, damit zu leben. Schon das war tröstlich.

Nach dem Forum trafen wir uns unter Begleitung von Tina Quack, Karin Berlin und Elke Leonhardt zwei Mal im Monat. Diese drei ebenfalls betroffenen Mütter haben vielen von uns Kraft und Mut gegeben. Eins war ganz wichtig für uns alle: Wir konnten ohne Ende reden, reden von unseren Kindern.

Aus der Selbsthilfegruppe wurde fünf Jahre später nach vielen Mühen ein eingetragener Verein, der immer mehr Zuspruch fand. Mein Mann und ich waren als ehrenamtliche Helfer tätig. Von Christl Ziegler, die als professionelle Begleiterin und Geschäftsführerin für uns da war, wurde ich gebeten, in die Gruppenbegleitung einzusteigen. Wenn ich auch nur einer Person durch mein »Da-Sein« geholfen habe, bin ich dafür sehr dankbar. Der Unfall von Christl Ziegler nach dem Forum »Ein Tod zur Unzeit« am 24. März 1995 hat uns alle aus der Bahn geworfen. Trotzdem, oder gerade deshalb, haben wir weitergekämpft, und wie man sieht, hat es sich gelohnt.

Wir haben bei den »Verwaisten Eltern« viele wertvolle Menschen kennen gelernt. Mit einigen verbindet uns eine sehr innige Freundschaft. Seit dem 16. Mai 1999 wird das besonders deutlich. Mein Mann erlitt an diesem Tag einen sehr schweren Schlaganfall, war schon wieder auf dem Weg nach oben, als im September zufällig Krebs festgestellt wurde. Eine totale Magen-OP war notwendig, die ihn völlig zurückgeworfen hat. Seit Ende Dezember 1999 ist er als schwerer Pflegefall bei mir zu Hause. Ich werde für ihn da sein, solange meine Kräfte reichen. Was mir sehr hilft, ist die liebevolle Anteilnahme aus dem Verein durch Besuche, Briefe, Anrufe und viele liebe Gedanken. Ich möchte allen sehr dafür danken.

Ein großes Glück in unserem Leben möchte ich unbedingt noch erwähnen: Unsere Tochter hat einen sehr liebevollen netten Mann geheiratet und wir haben zwei süße Enkel. Es wird nie mehr so sein, wie es einmal war. Aber trotzdem lohnt es sich zu kämpfen. Das Leben bekommt wieder einen Sinn, wenn auch einen total veränderten.

Ingrid Scholze (60 Jahre)

Christine

Ein Jahr und fast zwei Monate ist unsere geliebte Tochter Christine nun schon tot. Sie starb auf der Rückreise aus Italien auf dem Beifahrersitz eines Wagens, an dessen Steuer ihr Freund Basti saß. Basti hat den Unfall überlebt. Christine hinterlässt ihre untröstlichen Eltern Annette und Rainer und ihren älteren Bruder Henning, der sie wahnsinnig vermisst.

Seitdem hat sich mein Leben drastisch verändert. Jeder Tag ist eine einzige Anstrengung. Es ist furchtbar schwer, »weiterzumachen«. Der Schmerz trifft mich täglich schon beim Aufwachen wie eine Stichflamme: O Gott, Christine ist ja tot! Welches Wort! Der Alptraum ist Wirklichkeit geworden. Wo bist du bloß, Liebste? Wie soll es weitergehen ohne dich? Du fehlst mir so wahnsinnig. Ein riesiges Stück Zukunft ist weg, verschwunden. Ein Teil von mir ist dahin, ist schon beerdigt.

Wir haben im letzten Jahr viele Begegnungen mit Menschen gehabt, die uns ein Stück begleiteten. Sie ließen uns auch in schweren Stunden nicht allein: an Christines 20. Geburtstag, zu Weihnachten, zu Ostern, an ihrem ersten Todestag. Wir konnten feiern, Christine gehabt zu haben. Ja, sie war ein Geschenk für uns. Wir sind dankbar, dass unser Sohn Henning fast zwanzig Jahre lang eine Schwester haben durfte. Wir sind dankbar, dass wir über 19 Jahre die Eltern zweier liebevoller Kinder sein durften, die so viele Fähigkeiten und Emotionen in uns geweckt haben.

An Christines erstem Todestag legten wir ein Foto von ihr mit dem folgenden Text auf ihr Grab:

Von heute auf morgen verschwandest du aus unserem Leben.
Das ist unerträglich schwer für uns.
Wir können es nicht begreifen.
Doch du hast deine Spuren hinterlassen,
Spuren der Liebe.
Jeden Tag treffen wir auf sie.
Das lässt uns unendlich dankbar sein
dafür, dass wir dich haben durften.

Wir werden uns wieder sehen.

Annette Kupfer (51 Jahre)

Als ich die Nachricht vom Unfalltod unserer über alles geliebten 19-jährigen Tochter Christine bekam, begann für mich ein entsetzlicher Alptraum, in dem ich mich auch heute noch, nach über einem Jahr, fast unverändert gefangen fühle.

In der ersten Zeit – ich bin mir gar nicht sicher, ob es Tage oder Wochen waren – lief alles wie in Trance ab, ich funktionierte (wie ich meinte) bestens. Die Benachrichtigung von Verwandten, Freunden und Behörden, die Beerdigungsvorbereitungen, die Beisetzung selbst: Mein Gehirn arbeitete hervorragend, mechanisch, scheinbar unbeteiligt, als ob es sich um eine Fremde und nicht um meine Tochter handelte, die zu Tode gekommen war. Den Höhepunkt meines eigenartigen, verrückten Verhaltens sehe ich heute darin, dass ich es war, der am Tag der Beisetzung die zum Teil sehr betroffenen Trauergäste tröstete und versuchte, mit Smalltalk einer mir selbst zugeordneten Gastgeberrolle gerecht zu werden.

Dazwischen dann – in unbeobachteten Momenten, im Auto auf dem Weg vom oder zum Arbeitsplatz – immer wieder Schreien, Stöhnen,

Weinen, Reden zu Christine, Hoffen auf eine Antwort. Einige Verkehrsteilnehmer werden sich gewundert haben.

Mein persönliches Umfeld reagierte sehr unterschiedlich. Die meisten – und das rechne ich ihnen hoch an – hatten den Mut, auf mich zuzugehen, versuchten tröstende Worte zu finden oder auf andere Weise zu zeigen, dass sie mit mir fühlten. Ein Großteil ließ es allerdings dabei bewenden und schnitt das Thema Christine von sich aus nicht mehr an. Aber man kann doch einen Menschen, der einem so unendlich nahe stand, nicht einfach »totschweigen«! Deswegen spreche ich, wenn sich die Gelegenheit ergibt, ganz bewusst über meine Tochter: was sie getan, gedacht hat, wie sie in manchen Situationen reagieren würde. Das tut gut.

Die Besuche bei den »Verwaisten Eltern« waren und sind ganz wichtig für mich. Unter Menschen zu sein, die den gleichen entsetzlichen Verlust erlitten haben, hat etwas Beruhigendes, Tröstliches. Man ist nicht so völlig allein in seinem Unglück. Anderen, die ihr einziges Kind verloren haben, geht es eigentlich noch schlimmer als uns, denn wir haben ja noch unseren Henning. Auch das hilft ein wenig, die eigene Situation einzuordnen.

So schlimm allerdings, dass ich mein Leben vor lauter Verzweiflung selbst beenden wollte, ging es mir nie. Ich wäre zwar liebend gern an Stelle von Christine gestorben, aber ich hänge doch trotz allem sehr am Leben, habe bisher viel Wunderbares, Schönes erleben dürfen und denke, dass noch einiges für mich bereitgehalten wird. Kleine Lichtblicke kommen sogar jetzt schon.

Einige wenige Menschen, die mir sehr nahe stehen, auch solche, die zu Christine eine enge Beziehung hatten, helfen mir oft allein schon durch ihre Gegenwart, mein Schicksal zu ertragen. Ich bin dankbar, dass ich diese Menschen habe. Ich bin auch dankbar, dass ich Christine als Tochter haben durfte, dass sie schöne, glückliche Jahre mit uns verleben konnte. Ich hoffe, sie einmal wieder zu sehen.

Rainer Kupfer (56 Jahre)

Bernhard

Unser einziger Sohn Bernhard hatte unruhiges Blut in den Adern. Zwar waren wir stolz auf seinen Tatendrang, sein bergsteigerisches Können, seine Zähigkeit und Ausdauer. Aber wenn er sich wieder einmal, teilweise allein, auf seine Abenteuerreisen begab, bangten, hofften, beteten wir, waren erleichtert über jedes Lebenszeichen und überglücklich über seine Rückkehr.

Groß war die Aufregung, als unser Sohn zusammen mit seinem Freund bei einem Busunglück in Ecuador schwer verletzt wurde. In einer Linkskurve war der öffentliche Bus 100 Meter tief eine steile Böschung hinabgestürzt. Es hatte Tote und Verletzte gegeben, und auch die beiden Freunde waren in der einheimischen Zeitung bereits als Tote gemeldet. Der Freund kam mit einem blauen Auge davon. Bernhards Frakturen waren schlimm, und nach einer Blutübertragung in Ecuador musste er sich später einem Aidstest unterziehen. Zusätzliche Aufregung, doch der Test fiel gottlob negativ aus. Bereits ein Jahr nach dem Busunglück kletterte Bernhard wieder, ein Eisen im Oberschenkel. Er nahm sein Studium ernst, hatte eine feste Freundin und das Leben ging wieder normal weiter – allerdings mit mehr Dankbarkeit im Herzen.

Der Spruch »Totgesagte leben länger« stimmt für uns nicht. Am 1. Juli 1994 änderte sich mit einem Schlag unser ganzes Leben. Bernhard verunglückte tödlich beim Gleitschirmfliegen in Tirol im Alter von 29 Jahren. Nach einer längeren Flugpause hatte er sich wieder einen gebrauchten Gleitschirm gekauft. Ich war besorgt, obwohl er beim Fliegen bisher nie auch nur einen Kratzer fortgetragen hatte. Auf meine leisen Vorhaltungen antwortete er: »Es muss sein!«

Eine unfassbare Nachricht! Wir standen vor unserem toten schönen Jungen. Wir kapierten es einfach nicht. Freilich konnten wir Abschied nehmen, doch viel zu kurz. Der Arzt, die Schwestern im Krankenhaus in Innsbruck waren nett, doch niemand ermunterte uns zum Bleiben, zum Wachen, zum Beten, zum intensiven Abschiednehmen. Das tut uns heute noch Leid. Psychologische Unterstützung wäre hilfreich gewesen. Als Bernhards Flugkamerad und künftiger Schwager mir im Krankenhausgang weinend gestand, wie Leid es ihm tue, versuchte ich noch ihn zu trösten.

Im ersten Schock nahmen wir uns fest vor, uns nicht zurückzuziehen, weiter unsere vielen guten Kontakte zu pflegen. Doch es gelang nicht. Was vorher Freude gemacht hatte, kostete plötzlich immens viel Kraft. Freunde zeigten Verständnis, wenn wir Einladungen zu- und im letzten Moment wieder absagten. Wir wollten ja nur über unseren Bernhard und über unsere verletzten Gefühle sprechen. Alles andere konnten wir nur schwer ertragen. Jede kleinste nur angedeutete Kritik verstörte zutiefst. Schwer war es auch, die Bekannten über ihre lebenden Kinder sprechen zu hören. Für alle anderen ging das Leben weiter, nur für uns nicht. Die Leere, die Verlassenheit überwältigte mich nach solchen Begegnungen immer wieder.

Ganz seltsam erlebte ich, wie meine »traurige Hälfte« die sich gesellig gebende andere Hälfte »beobachtete«, wenn wir mit Bekannten zusammen waren. Und nicht nur meine Gefühle spielten verrückt; ich hatte selbst Angst, verrückt zu werden. Pausenlos drehten sich meine Gedanken um den Sohn. Das Aufwachen am Morgen mit dem Bewusstsein: »Dein Sohn lebt nicht mehr!«, war einfach schrecklich. Das Leben hatte seinen Sinn verloren. Ich fühlte mich wie vom Rad des Lebens gestoßen, nicht mehr dazugehörig.

Täglich zog es uns zum Friedhof. Sah ich meinen Mann am Grab unseres Sohnes stehen, zerriss es mir fast das Herz. Das gleiche Gefühl ist heute da, wenn unsere kleine Enkeltochter mit der Plastikgießkanne aus Bernhards Kindertagen das Grab ihres Papas gießt. Unser Enkelkind hat seinen Vater ja nie bewusst gesehen. Als das Unglück passierte, war die Kleine knapp ein Vierteljahr alt. Auch das gibt mir oft Fragen auf über das Schicksal.

Dass ich für mein Weiterleben, mein Überleben die Begegnung mit anderen Betroffenen brauchte, merkte ich bald. Die Bestattungsfirma hatte mir nach dem Abschlussgespräch vorsorglich ein Faltblatt der »Verwaisten Eltern München« mitgegeben. Als zwei Monate nach dem Unglück der Geburtstag meines Mannes kam und uns unsere plötzliche »Kinderlosigkeit« noch mehr bewusst wurde, wählte ich in meiner Verzweiflung eine Telefonnummer auf dem Faltblatt. Frau Leonhardt war gleich am Telefon, hörte mich an und gab mir die Hoffnung, dass es irgendwann ein bisschen besser bzw. anders werden und die Abstände zwischen den Tiefs größer werden würden. Von Christl Ziegler bekam ich einfühlsame Briefe. Aber immer noch wollte ich »alleine da durch«. Erst im Oktober 1994 rang ich mich dazu durch, in Begleitung meines Mannes und Frau Leonhards in die offene Gruppe der »Verwaisten Eltern« zu kommen. Liebevoll setzte sich eine Begleiterin, Bärbel Maletz, neben uns »Neue«. Nicht im großen Kreis, nur vor ihr konnte ich mühsam unter Schluchzen Worte hervorbringen. Ich hörte lieber den anderen zu. Ja, geweint wurde viel an dem Abend. Ich sehe noch heute die mütterliche Begleiterin Ingrid Scholze tröstend auf mich zukommen und höre sie sagen: »Hier darf geweint werden!«

Die vielen Schicksale wühlten mich sehr auf, doch spürte ich gleichzeitig die Solidarität mit den anderen. Einige Monate später ging ich regelmäßig zu Christl Ziegler in die geschlossene Gruppe. Kein Trauerseminar ließen wir in den ersten drei Jahren aus. Ich nahm an einer Fortbildung für Gruppenbegleiter teil, noch geplagt von vielen Selbstzweifeln und Schuldgefühlen. Noch in unserem ersten Trauerjahr reisten wir mit anderen verwaisten Eltern und den Reisebegleiterinnen Karin Berlin und Rita Knüsel an die Nordsee. Bei allen weiteren Reisen der verwaisten Eltern waren wir gerne dabei, und ich wurde später auch dafür mitverantwortlich.

Die Gottesdienste vor Ostern und vor Weihnachten mit Pfarrer Stahlschmidt in Obermenzing erschüttern mich noch heute, denn ich spüre sehr stark Bernhards Gegenwart und die große Sehnsucht auch der anderen Eltern nach den verstorbenen Kindern. Auch bei Wanderungen in Bernhards geliebten Bergen fühle ich mich ihm sehr nah.

Drei Jahre nach Bernhards Tod erlebte ich nochmals eine persönliche Krise. Schon früher, relativ kurze Zeit nach dem Schicksalstag, war ich verwundert gewesen über das Hochkommen lange in der Kindheit zurückliegender Verletzungen. Ich wollte die Gefühle nicht zulassen. Doch eine starke Depression verlangt Handlungsbedarf. So hatte ich wiederum das Glück, die Adresse einer guten Psychotherapeutin zu bekommen. Mein Mann zeigte großes Verständnis. Auch Freundinnen, zumeist selbst betroffene Mütter, kümmerten sich in der Zeit um mich. Danke!

Nun begleite ich seit vier Jahren selbst die Offene Gruppe der »Verwaisten Eltern« in München. Ich bin dankbar für das Vertrauen, die Offenheit, die spürbare Nähe untereinander an den Gruppenabenden. Die Arbeit mit den verwaisten Eltern ist ein Teil meines Lebens geworden.

Ich möchte das Gefühl des Angenommenwerdens vermitteln, auch die Aussicht auf zuerst ein wenig, später wieder mehr Lebensfreude. Nach Bernhards Tod hat mich der Ausspruch »Das Leben geht weiter« fürchterlich aufgeregt. Doch nun stimmt dieser Spruch wieder für mich, mit der Einschränkung: »Das Leben geht *anders* weiter.« Meine Cousine Carola schrieb mir einen Brief, dessen tröstenden Text ich allen betroffenen Müttern und Vätern gerne weitergeben möchte. Sie wurde durch den tragischen Unfalltod ihres damals sechs Jahre alten Bruders und später durch den Kriegstod ihres Verlobten zeitlebens geprägt.

»Du weißt, wie sehr ich mich in das Leid hineinversetzen kann, wenn eine Mutter ihr einziges Kind verliert. Das ist ein Schmerz – ein Leid, über das man gar nicht sprechen möchte – es sitzt zu tief und niemand kann es erahnen, der es nicht selbst erfahren hat. Es wird auch nicht aufhören und im innersten Grunde dein steter Begleiter sein. Da wird vieles belanglos, was vorher wichtig war, da tritt man in ein neues Dasein, das dem wahren und einzigen Wert viel näher liegt als bei den gewöhnlichen Menschen. Aber diese innere Einsamkeit birgt auch eine unendliche Gnade, denn was wir im Schmerz erfahren, wird zur Liebe, und die Liebe bleibt unser einziger Kraftquell.
Die Toten leben bereits im Meer dieser Liebe – durch die Läuterung hindurch zur immer göttlicheren Liebe. Sie wollen nicht mehr zurück. Und wir reichen ihnen durch unser Liebesleid und unsere Liebe unsere Hände – wir können uns mit ihnen vereinen kraft der Liebe, wie wir es auf Erden nie gekonnt haben. Dann wird auch das große Leid verklärt und sinnvoll uns selbst zur Reife führen und den lieben Verstorbenen eine unschätzbare Hilfe. Menschen können einem das nie geben, was die eigene Seele braucht – über ihr Unverständnis brauchst du dich nicht zu wundern –, aber wenn du frei wirst in deiner eigenen inneren Kraft, dann brauchst du sie nicht, dann brauchen sie dich.«

Elfi von Fabris (57 Jahre)

Helmuth

11. Januar 1997. Urplötzlich stürzt die Nachricht ins Haus: Helmuth, mein Sohn, hat einen Unfall gehabt. Nichts Schweres angeblich – wie konnte man mir das sagen? Ich habe intuitiv erfasst, wie schlimm und lebensbedrohend es für Helli war. Ist es Eingebung, ist es Vorsehung?

Ich bete und spreche eine Bitte aus, die ich mir später lange nicht verzeihe: »Schutzengel, bring ihn bitte dorthin, wo es ihm besser geht.« Und er hat mich beim Wort genommen, der Schutzengel, und ist mit meinem Sohn fortgegangen, wollte ihm wohl großes Leid und eine schwere Behinderung ersparen.

In der Leichenhalle sehe ich Helmuth, leblos, stumm, schon fast erkaltet. Kein Zeichen von Verletzung, von Schrecken und Angst, die er in den letzten Minuten ausgestanden haben muss. Tiefer Friede. Und Schweigen. Helli! Helli! Gib Antwort! Ich streichle, ich drücke seine Hände, rüttle ihn, benetze sein Gesicht mit Tränen. Ein letzter Kuss. Bleischwer entfernen sich unsere Schritte.

Der Alptraum nimmt seinen Anfang. Die heile Welt stürzt zusammen. Abgründe tun sich auf, Finsternis bricht herein: Bedrohung, Angst, Schrecken, Tränen und Trauer ohne Ende. Eine Unzahl negativer Gefühle bringt mich fast an den Rand des Wahnsinns. Seine Freunde, die später die meinen werden, kommen zu mir. Jeder will mich drücken, in den Armen halten, in mir einen Teil des Freundes spüren.

Der Tag der Beerdigung. Ich stehe »abseits«, schreite neben mir her, einer Unbekannten. Am Grab sind alle fort, nur noch meine Familie steht da. Ich knie mich hin, beuge mich über den Sarg. Ein intimes Gespräch, eine innige Bitte: »Helmuth, leih mir deinen klaren Verstand und deine starken Schultern – ich werde aufstehen und weitermachen, das verspreche ich dir.«

Und so habe ich versucht und versuche noch heute, aus der Tiefe herauszufinden. Meine Identität war verloren, das empfand ich als sehr belastend und entfremdend. Ich musste mich annehmen und ertragen, so wie ich war und heute noch bin in meiner Hilflosigkeit. So schwer verletzt, ohnmächtig, verlassen, verzweifelt, verbittert, geprüft bis über den Rand des Erträglichen.

Die physischen Kräfte schwinden. Ich finde keinen Schlaf, komme nicht zur Ruhe. Eine Frage jagt die andere. Ein Gedanke, ein einziger Gedanke rund um die Uhr: Helli, mein Sohn. Ich schrecke hoch, besonders in der Nacht, höre seine Schritte. Das Telefon klingelt, niemand ist in der Leitung, ich höre ihn atmen. Schlimme Träume, in denen Helli nicht mehr heimfindet. Ein anderer Traum, der mich lange Zeit verfolgt: Helmuth stürzt sich in ein riesengroßes Feuer. Mit einem Schrei werde ich wach. Ich träume, dass sein Grab weg ist, suche verzweifelt den Friedhof ab. In den ersten Monate nach Hellis Tod verbringe ich Stunden am Grab, schweigend, abwesend, dann wieder, als ob ich Wache halten müsste.

Es folgen friedliche und ruhige Träume. Ich sehe ihm beim Spielen zu. Ich sehe ihn auf mich zukommen, wie er zuletzt war: groß und stark, mit aufrechtem Gang. Wir fallen einander in die Arme. Die Freude auf beiden Seiten ist unbeschreiblich. Wir tauschen Gedanken aus, verstehen einander, ohne ein Wort auszusprechen: Was soll das? Schon so lange bist du fort und meldest dich nie! Helmuth gibt mir zu verstehen: »Mama, frag nicht, mir geht es gut.«, und spielt mir ein Ständchen auf der Ziehharmonika.

Für diese Begegnung bin ich dankbar. Seitdem kann ich beruhigter und zufriedener leben.

Die Erfahrungen, die ich in dieser schweren Zeit mit meinen Mitmenschen machte, waren sehr unterschiedlich. Viele, sehr viele bekundeten ihre Teilnahme an unserem Schmerz. Vor allem die Freunde meines Sohnes gaben mir Halt. Andere waren verlegen, hilflos, wichen aus. Nicht wenige wollten belehren und wissen, wie man mit Verlust und Trauer umgeht.

Am besten ergeht es mir in der Selbsthilfegruppe »Verwaiste Eltern«. Da fühle ich mich angenommen, getragen, geborgen. Wir tragen gemeinsam an der Last, wir leiden und erdulden gemeinsam, wir hoffen gemeinsam. Das macht Mut und gibt Kraft für den Alltag.

Allerheiligen 99

Tod, du Eindringling in unser Leben
Tod, du Dieb, der uns das Kostbarste raubt
Tod, du Feind, der uns auflauert, zuschlägt, vernichtet
Tod, du Bestandteil und Begleiter unseres Daseins
Tod, du Ablöse und Übergang zu neuem Leben
    Ich nehme dich an als Bruder
    ohne Zwist und Hader wollen wir uns vertragen.
Schlussendlich aber werde ich dich besiegen
im Namen Jesu!

Advent 99

Tod
Ein Schrei aus dem Abgrund:
übertönt von der
  Stille der Nacht
von Schauer umgeben
erzittert von Angst
erstarrt vor Kälte
verwirrt vor Schrecken
erblindet – verloren
von grausamen Gefühlen durchrieselt
gepeitscht von wilden Stürmen
  Tod

März 2000

  gedrückt
sich beugen – in Demut erdulden
  verzweifelt
sich fügen – in Gehorsam ertragen
  verwirrt
in Ohnmacht fallen – Hilfe suchen
  erblindet
im Dunkeln tasten – eine Hand ergreifen
  erstarrt
keine Schritte wagen – auf Heilung warten
in Kummer zerfließen – Trost suchen
  Hoffnung hegen:
  jetzt – heute – morgen – immer
  Sehnsucht!
  Sehnsucht!
  Sehnsucht!

Theresia Burger (65 Jahre)

Michael

Juli 1996

Ich habe gerade meinen Sommerurlaub gebucht: drei Wochen in einem Ferienhaus in Dänemark, ganz hoch oben im Norden direkt am Meer! Ich bin vor lauter Vorfreude schon ganz aufgeregt. Michael, mein 24-jähriger Sohn, wird mich mit seiner Freundin Katja einige Zeit dort besuchen, und mein Mann kommt in den letzten zwei Wochen dazu.

Ich fühle mich kurz vor meinem 50. Geburtstag auf dem Höhepunkt meines Lebens, so glücklich, kraftvoll und ausgeglichen wie nie zuvor. Nach vielen Jahren des Lebens als Alleinerziehende – 15 Jahre habe ich mit Michael nach der Scheidung von seinem Vater allein gelebt – bin ich nun schon seit sechs Jahren sehr glücklich an der Seite meines wunderbaren Mannes, mit dem ich in Regensburg lebe. Beruflich bin ich sehr erfolgreich und habe noch Kraft übrig für nebenberufliche und ehrenamtliche Arbeit. Mit meinem Sohn, der in Hamburg lebt, verbindet mich ein tiefes Band der Liebe und des Vertrauens. Ich bin voller Freude und Neugier auf die Jahre, die vor mir liegen.

Sonntag, 11. August 1996

Mein Urlaub beginnt! Mittags starte ich mit unserem Hund Bruno, meinem ständigen Begleiter. Auf der Reise von Regensburg nach Dänemark will ich noch an verschiedenen Orten in Deutschland liebe Freunde besuchen. Am Mittwoch, dem 14. August erreiche ich Hamburg und besuche zuerst meinen Sohn und Katja. Michael führt mir sein neues Auto vor. Ich sehe ihn vom Beifahrersitz aus an, den jungen gutaussehenden Mann mit seiner gebräunten Haut, den dunklen Haaren, den strahlend blauen Augen, und bin beinahe irritiert darüber, dass ich meine Liebe zu ihm so körperlich spüre. Es ist ein Gefühl, als könnte ich in ihn hineinkriechen. »Ich hab' dich lieb!«, sage ich. Er schaut lächelnd zu mir herüber: »Ich dich auch!«

Beim Abschied umarmen wir uns ganz fest, voller Vorfreude auf die gemeinsamen Urlaubstage. Ab Samstag habe ich das Haus in Dänemark gemietet; am Wochenende werden sie beide nachkommen.

Samstag, 17. August 1996

Bei strahlend schönem Sommerwetter erreiche ich am Nachmittag das gemietete Ferienhaus und bin überrascht, wie schön es ist. Meine Freude, dieses Haus bald mit meinem Sohn und später auch mit meinem Mann zu teilen, wird immer größer.

Montag, 19. August

Gegen 13 Uhr: Herrliches Wetter, blauer Himmel, Sonnenschein. Ich sitze auf der vorderen Terrasse und genieße diesen Tag, genieße meinen Urlaub – und freue mich auf meinen Sohn, die Zeit mit ihm. Da – ein Auto! Das Motorengeräusch, das kenn' ich, das ist sein Wagen! Das ist er – da kommt er! Ich hebe den Arm: Hier bin ich! Heiß durchströmt mich die Freude, ich springe auf, kann über die Hecke sehen – jetzt sehe ich ihn, da ist er, Michael! – Nein, falsches Auto – nicht Michael. Falscher Alarm. Falsche Freude. Zu früh gefreut. Ich falle auf die Liege zurück. So eine Enttäuschung! Na gut, also weiter warten. Er wird sicher bald kommen. Aber anrufen hätte er können, er weiß doch, dass ich eigentlich schon seit Samstag auf ihn warte …

Gegen 14.30 Uhr: Das Telefon klingelt. Roland, mein Mann, ruft aus Regensburg an: »Michael ist tot.«

Meine Welt, mein Sein, mein Körper, meine Seele, mein ganzes Ich zerspringt in einer Explosion, zerfetzt, löst sich auf, zerteilt sich in atomkleine Teilchen. Ich bin nicht mehr vorhanden, weggewischt, ausgelöscht, nie gewesen …

Doch dies alles erlebe, erfahre, erleide ich bewusst erst in den nächsten Wochen und Monaten. Jetzt, in diesem Moment, in dem mein bisheriges Leben zerschmettert wird, bleibe ich verhältnismäßig ruhig, bleibt alle Kraft in mir. Mein Verstand begreift es sofort, nimmt es im selben Moment als Tatsache, als der Satz ertönt: »Michael ist tot.« Auch wenn ich noch viele Monate das Wort »tot« weder aussprechen noch schreiben kann.

Ein einziger Gedanke taucht sofort auf und bleibt, in großen Lettern in meine Seele gedruckt, geschrieben, geschrieen: »Ich will zu ihm, sofort, ich will, ich muss mich von ihm verabschieden!« Und dieses klare unumstößliche Wissen des nächsten Schrittes scheint meiner Seele die Kraft zu geben, die jetzt nötig ist. Ich bin allein. Völlig allein. Am Nordende von Dänemark, 600 Kilometer von Hamburg entfernt. Diese Strecke muss ich jetzt fahren, wenn ich zu meinem Sohn will. Und ich will zu ihm! Meine Seele weiß, dass ich jetzt nicht die Fassung verlieren darf, denn es ist niemand, wirklich niemand da, der mich auffangen kann. Und so schreit er sich nicht heraus, dieser erste Schrei, dieser Urschrei des Schmerzes, der nun noch viele Monate in mir stecken bleiben wird. Und so löst sich mein Verstand nicht auf, sondern funktioniert, klar und logisch und deutlich. Manchmal stolpert er, aber er funktioniert.

Was ist passiert? Mein Mann weiß auch nicht viel. Michael ist gestern von Hamburg aus an die Ostsee gefahren, in ein Hotel. (Später erfahre ich, dass er mit seiner Freundin Streit hatte und allein zu mir fahren wollte.) Dort hat man ihn heute Morgen tot aufgefunden. Ich telefoniere mit dem Kriminalbeamten, der meinen Mann unterrichtet hat. Es gibt nur eine Frage, die ich dem Beamten drei Mal hintereinander stellen muss: »Stimmt es, ist es ganz sicher, dass Michael tot ist? Ist er wirklich tot?« Drei Mal stelle ich ihm diese Frage, drei Mal muss ich seine Antwort hören: »Ja, er ist wirklich tot.«

Dann beginne ich zu reagieren, zu handeln. Ich telefoniere: mit meiner besten Freundin in Hamburg, mit meinem Mann, dass wir uns bei ihr treffen wollen, mit Katja, mit dem Vater meines Sohnes. Auch mit der Vermieterin meines Ferienhauses: »Ich fahre weg, aber ich komme wieder ...« Ich beginne zu packen, nur das Nötigste. Es gibt sowieso nur wenige unter meinen Kleidungsstücken, die ich jetzt tragen mag. Ein klares Rot war bisher meine Lieblingsfarbe. Schon jetzt mag ich es nicht mehr sehen. Ich wähle alles aus, was blau ist, auch später werde ich kein Schwarz tragen. Schwarz ist so hart. Was geschehen ist, was ich aushalten muss, ist hart genug; ich ertrage es nicht, diese Härte auch noch zu unterstreichen mit einer harten Farbe. Viele Monate trage ich Jeansblau.

Zwischen all meinen Aktivitäten falle ich immer wieder für kurze Augenblicke weinend auf einen Stuhl, den Hund streichelnd: »Bruno, das kann doch nicht sein! Das ist doch nicht wahr! Das glaub ich doch nicht!« Und springe wieder auf und funktioniere weiter mit dem gleichzeitig klaren Wissen, dass es wahr ist. Die Terrassenmöbel muss ich noch reinstellen, die Fenster schließen, der Müll muss raus, das Hundefutter nicht vergessen … Dieses Wissen, dieses klare, unzweideutige, sichere Wissen: Ich will mich von meinem Sohn verabschieden!, hält mich aufrecht, gibt mir die Kraft.

Eine gute Stunde nach dem Anruf – nach DEM Anruf, denn von nun an beginnt eine neue Zeitrechnung! – sitze ich mit meinem Hund im Auto. Während der ersten halben Stunde bin ich sicher, dass ich es nicht schaffe. Ich weine, heule, schluchze, schreie während der Fahrt. Nein, so kann ich nie im Leben 600 Kilometer fahren. Ich werde im nächsten Ort zur Polizeiwache fahren und um Hilfe bitten, darum bitten, dass man mich nach Hamburg fährt. Ich bin sicher, man wird dort meine Notlage verstehen und helfen. Und es ist, als ob das Wissen um diesen Ausweg mir die Kraft gibt, es doch allein zu schaffen.

Abends um zehn komme ich in Hamburg bei meiner Freundin an, die mich umarmt, die meine Tränen zulässt, während sie immer wieder leise zu mir sagt: »Ja, es tut so weh. Es tut so weh!« Und so lässt sie mich sein in meiner Trauer und meinem Schmerz, hält mich aus, redet nichts weg, will nichts beruhigen, verlangt nichts, ist einfach da, hält mich und hält mich aus.

Eine halbe Stunde später kommt mein Mann, der in Regensburg alles liegen und stehen ließ, um den nächstmöglichen Flieger zu erreichen. Stumm umarmen wir uns lange, lange Zeit.

Während wir im Wohnzimmer meiner Freundin im Kreis ihrer Familie sitzen und starken Kaffee trinken, tauchen plötzlich jene Worte und Sätze in mir auf, mit denen ich mich von meinem Sohn verabschieden möchte. Ich hole mir Zettel und Stift, und es entsteht der Text für die Trauerkarte:

Michael

24 Jahre durfte ich deine Mutti sein
in schweren und in leichten Zeiten
Wir haben einander angeschrieen und miteinander gelacht
Wir haben uns gezankt und uns umarmt
Wir haben einander sehr liebgehabt und waren einander ganz nah

Nun ist dein Leben

hier

zu Ende

Du fielst in Gottes Hände

Danke für deine Liebe und dein Lachen

Dienstag, 20. August 1996

Ich verabschiede mich von meinem Sohn. Im Gerichtsmedizinischen Institut, sein Körper nur mit einem dünnen weißen Leintuch bedeckt. Das Wissen darum, dass darunter sein zerschmetterter, zerschnittener Körper liegt. Sein Kopf ist unverletzt. Ich streichle sein Gesicht. Er ist tot – und er ist doch noch da, ist noch nicht endgültig gegangen, seine Seele ist noch da. Als ich mich sechs Jahre zuvor von meiner verstorbenen Mutter verabschiedete, spürte ich, dass da nur noch eine Körperhülle lag, die nichts mehr mit meiner Mutter zu tun hatte. Hier bei Michael ist es anders. Es ist, als habe er seine körperliche Hülle noch nicht verlassen. Mein Mann empfindet es ebenso. Ich würde gern noch lange bei ihm bleiben, ihn streicheln, mit ihm reden – aber dieser Wunsch ist mir nicht bewusst genug in diesem Moment und so verlasse ich ihn nach etwa einer Viertelstunde.

Ich begreife bis heute nicht, wieso ich nicht zusammengebrochen bin bei meinem Abschied. Meine Seele ist eine große offene pochende schmerzende blutende Wunde – und mein Körper und mein Verstand reagieren weiter, als wäre nichts geschehen.

Mittwoch, 21. August 1996

Ich fahre mit meinem Mann in das Hotel, in dem mein Sohn starb. Der Hoteldirektor führt uns an den Baum, unter dem man ihn fand. »Hier hatte ich eine Kerze hingestellt, aber jemand hat sie schon entfernt«, sagt er. Ich empfinde eine tiefe Dankbarkeit über diese Geste eines fremden Mannes. Wir gehen in das Hotelzimmer im fünften Stock, treten auf den Balkon – von dem er nicht gestürzt ist –, der Hoteldirektor lässt uns auf unseren Wunsch hin allein. Mein Mann und ich umarmen uns – und haben beide das Gefühl, dass jetzt, in diesem Augenblick, Michael geht, gehen kann.

In den nächsten Tagen versuche ich herauszufinden, was eigentlich geschehen ist. Es wird mir nie gelingen. Es gibt wenig Konkretes, wenige nachweisbare Fakten: Am Sonntag um 15 Uhr ist Michael im Hotel angekommen. Um 21 Uhr hat er noch von seinem Zimmer aus telefoniert. Am Montagmorgen um 7 Uhr fand ihn ein Hotelgast tot unter einem Baum liegend. Es gibt Anzeichen dafür, dass ein Kampf stattgefunden hat auf einem Flachdach des Hotels. Von diesem Dach ist er gestürzt, aus einer Höhe von etwa acht Metern, auf und dann durch den einzigen Baum weit und breit. Sein Körper war zerschmettert, er ist innerlich verblutet. In der Sterbeurkunde wird später stehen: »... zwischen dem 18. August 1996 um 15 Uhr 00 Minuten und dem 19. August 1996 um 06 Uhr 30 Minuten verstorben.« Wir haben den 18. August 1996 als Todestag festgelegt.

Freitag, 30. August 1996

12 Uhr: Die Trauerfeier für meinen Sohn. Woher nehme ich nur diese Kraft?! Ich umarme die vielen Freunde und Freundinnen von Michael und habe das Empfinden, dass ich ihnen dabei ein wenig Wärme und Trost geben kann. In der Kapelle bin ich in der Lage, ganz konkret für mich zu sorgen, indem ich mich zwischen meine Freundin und meinen Mann setze. Während der Feier lasse ich meinen Tränen freien Lauf. Danach stehen Michaels Verlobte und ich lange in stummer Umarmung vor seinem Sarg.

Samstag, 31. August 1996

Ich fahre mit meinem Mann zurück nach Dänemark. In langen Strandwanderungen schreie ich meinen Schmerz den Wellen entgegen. Und ich lese. Noch in Hamburg habe ich mir Bücher über Tod und Trauer gekauft. »Über den Tod und das Leben danach« von Elisabeth Kübler-Ross ist das erste Buch, das ich lese. Ihm folgen viele andere. Am meisten helfen mir Berichte von Menschen, denen Ähnliches widerfahren ist, und keine theoretischen Abhandlungen.

Mittwoch, 4. September 1996

Heute schreibe ich mein erstes Trauer-Gedicht.

nie mehr

nie mehr
nie mehr
nie mehr Angst haben um dich
nie mehr wütend sein auf dich
nie mehr mich freuen auf dich

nie mehr
nie mehr
nie mehr bekocht werden von dir
nie mehr den Stolz in
deiner Stimme hören
den Stolz auf dich und deine
Leistung

nie mehr
nie mehr
nie mehr deine Tränen
spüren
nie mehr deine Verzweiflung
hören
über den Schmerz, den man
dir zufügte

nie mehr
nie mehr
nie mehr Pläne machen
mit dir
nie mehr verreisen mit dir

nie mehr deine Freundinnen
umarmen

nie
nie
nie von deinen Kindern Omi
genannt werden
nie ihnen die Tränen trocknen
nie ihnen die Knie verbinden

nie deine Zukunft erleben

immer wieder
immer wieder
immer wieder dein Lachen hören
immer wieder deine Fröhlichkeit spüren
immer wieder mich an deine Liebe erinnern

Freitag, 13. September 1996

Ich komme zurück in unsere Wohnung nach Regensburg. Als ich noch in Dänemark war, dachte ich, ich könnte zu Hause wieder mit meiner Arbeit beginnen. Hier angekommen, muss ich schnell erkennen, dass meine Lebenskraft auf ein absolutes Minimum gesunken ist. Ich bin nur noch eine Hülle ohne Inhalt, all meine Energie ist ausgelaufen. Ich liege stundenlang auf dem Sofa, tue nichts. Jede kleinste Tätigkeit, schon das morgendliche Zähneputzen ist Schwerstarbeit, die mich zutiefst erschöpft. Ich fasse es nicht. Ich, die ich in meinem ganzen Leben immer gehandelt, agiert, Probleme angepackt und beseitigt habe, immer die »Power-Karin«, die fünf Dinge gleichzeitig tat – ich kann nichts, gar nichts tun, um diesen Schmerz, der mich zerreißt, zu mindern. Mein Sohn ist tot – eine Tatsache, an der alle Aktivität scheitert. Ich kann nichts anderes tun als die Trauer und den Schmerz aushalten. Ich benachrichtige meine Kunden, dass ich eine unbekannte Zeit lang nicht mehr arbeiten werde, und gebe meine Aufträge an eine Kollegin weiter.

12. Oktober 1996

Ich fahre zu einem einwöchigen Seminar: »Mein Weg – Meine Bestimmung«. Ich bin zwar noch keinesfalls auf irgendeinem Weg, aber in diesen Tagen ist alles besser als in dem tiefen schwarzen Loch zu versinken, das mich zu verschlingen droht. Am nächsten Tag beginne ich ein Tagebuch mit einem Brief an meinen Sohn: »Du bist nicht tot – du lebst – ein neues Leben – ein anderes Leben.«

9. November 1996

Ich nehme an einem Seminartag »Trauernde Eltern« teil. Mir wird bewusst: Gott hat mir 24 Jahre Leben mit Michael geschenkt. In der folgenden Woche beginnt ein Wochenendseminar zum Thema »Leben und Sterben«. In einer Meditation erhalte ich das Geschenk, mich von dem Körper – dem heilen Körper – meines Sohnes verabschieden zu können. Ich berühre zärtlich, streichelnd, tastend diesen Körper, den ich so geliebt habe.

»Michi – wie soll ich das aushalten – wie soll ich damit leben? Wie kann ein Mensch mit solch einer Wunde in seinem Leib und seiner Seele überleben?«

24. November 1996

Ich gehe zum ersten Treffen eines Trauergesprächskreises, angeboten vom Hospizverein Regensburg. Der Austausch mit anderen trauernden Menschen hilft wieder ein kleines Stückchen weiter.

11. Dezember 1996

Ich beginne eine Gestalttherapie, um zu versuchen, die Scherben meines Lebens wieder zusammenzufügen, meinem Leben wieder eine Richtung zu geben.

9. Januar 1997

Ich fahre zu einem viertägigen Seminar »Kreative Wege durch die Trauer«. Ich erfahre die heilende Möglichkeit, meine Trauer auch durch Malen ausdrücken zu können.

16. Januar 1997

Ich schreibe einen langen Brief an meine Freunde.

Liebe Freunde! Ich sitze hier im (schneearmen) Großen Walsertal auf einer Bank, lehne meinen Rücken gegen das sonnengewärmte Holz einer kleinen Hütte, vor mir das Alpenpanorama mit schneebedeckten Gipfeln, über mir ein strahlend blauer Himmel, lasse mich von der Sonne bescheinen, höre Vogelgezwitscher, Bruno liegt zu meinen Füßen – und ich denke an euch. An euch, die ihr mir in den letzten fünf Monaten so viele Zeichen eurer Anteilnahme habt zukommen lassen.
Ja, es ist nun fünf Monate her, dass mich an meinem zweiten Urlaubstag in Dänemark mitten hinein in ein Gefühl der Kraft und der Lebensfreude, der Vorfreude auf eine gemeinsame Ferienwoche mit Michael und seiner Freundin der Anruf erreichte: »Michael ist tot.« Wir werden wohl nie genau wissen, was ihm passierte – ich werde mit Fragezeichen leben müssen. Auch nach fünfmonatigen Ermittlungen der Kriminalpolizei stehen nur ganz wenige Tatsachen fest ... Meine tiefe Überzeugung sagt mir, dass er erlöst ist, dass es ihm gut geht, dass er verwandelt ist in eine neue Form anderen, neuen Lebens, dass ich ihn spüre und Kontakt zu ihm habe. Ich weiß, dass das für einige von euch sehr fremde Gedanken sind, aber es sind meine.

Es gibt etwas ganz Entscheidendes, was ich ganz genau weiß und wofür ich unendlich dankbar bin: Wenige Tage vor seinem Tod war ich auf meinem Weg nach Dänemark bei ihm. Es war ein gutes Zusammensein, wir haben uns beide fest umarmt, und vor allem – wir haben uns gesagt, dass wir uns lieb haben.

Wenn ich vorhin von meinem Glauben und meiner tiefen Überzeugung gesprochen habe, so ist dies wirklich die Grundlage für mich, dass ich diesen Schmerz und diese Trauer überhaupt aushalten kann, dass sein Tod für mich einen Sinn hat und einen Ausblick. Nur – es lindert meinen Schmerz und meine Trauer in keinster Weise. Was ich in diesen fünf Monaten seither erlebe ist ein völliges Ausgeliefertsein an meine Gefühle, an Wellen von Trauer und Schmerz, ein wirkliches Ausgeliefertsein, sodass ich nie weiß, wie es mir in den nächsten Minuten gehen wird. Ich kann nicht mehr tun als hindurchzugehen, hindurchzutauchen, hindurchzuschwimmen durch diese Wellen und zu versuchen, nicht unterzugehen.

Und ich versuche, dies alles sehr bewusst zu tun. Ich will es nicht wegdrängen, ich will es nicht unterdrücken, ich will mich auch nicht betäuben. Ich will bewusst erleben, was dieser Tod meines Sohnes, meines einzigen Kindes für mich bedeutet. Das war gar keine bewusste Entscheidung. Aber so wie ich heute bin und mit mir umgehe, kann ich es gar nicht anders. Ich weiß, dass manche andere, denen Ähnliches widerfährt, diese Trauer mit Arbeit wegzudrängen und zu übertünchen versuchen. Ich bin ganz fest davon überzeugt und habe es in früheren Jahren an mir selbst auch so erlebt, dass ich keine Emotionen wegdrängen kann. Sie sind dann immer noch da, sie werden sich auf irgendeine Weise und irgendwann ihren Weg suchen, und dann weiß ich vielleicht nicht, warum ich depressiv oder warum ich krank werde.

Und wisst ihr, es ist doch auch so, dass es Michael wirklich wert war, dass ich das, was ich jetzt aushalten muss, auch aushalte und durchlebe. Und noch ein Gedanke: Da ist ein Mensch neun Monate in mir geworden und aus mir zum Leben gekommen, wir haben viele Jahre miteinander gelebt – wie sollte ich da in wenigen Monaten den Schmerz und die Trauer über seinen Verlust verarbeiten?

Dieser Weg durch die Trauer ist nicht leicht. Ich habe Phasen gehabt, in denen ich glaubte, es nicht aushalten zu können, mit diesem Schmerz weiterzuleben. Dann hilft es, mit Menschen zu sprechen, die Gleiches oder Ähnliches erlebt haben, und daraus zu lernen, dass auch diese depressive Phase zum Trauerweg dazugehört. Und ich habe auch lernen müssen, dass ich – anders als ich es zu dem Zeitpunkt erlebt habe – viele Wochen lang unter Schock stand und dass das Begreifen seines Todes, das Begreifen dieser Endgültigkeit sich immer noch Stück für Stück in mir erst Bewusstsein verschafft ...

19. Januar 1997

»Ich verändere mich. Ich werde nie wieder die gleiche Karin sein. Ich, mein Sein ist mit Michaels Tod in kleine Stücke zerschmettert worden und ich bin seit fünf Monaten dabei, die wichtigsten Scher-

ben aufzusammeln und wieder zusammenzusetzen. Dabei entdecke
ich Stücke, die ich nicht mehr brauche. Es gibt Stücke, die unwiederbringlich verloren sind, wie mein Mutter-Sein. Und ich entdecke
Stücke, die ich bisher gar nicht wahrgenommen hatte. So wird der
Mensch Karin, der nach Zusammensetzen dieser Scherben entsteht,
verändert sein. Mit Lücken und Löchern, mit Bruchkanten und Klebe-
stellen, aber auch mit neuen Farben und Mustern. Aber vor allem, es
wird immer noch der Mensch Karin sein – mit derselben Seele. (...)
Ich brauche all meine Kraft, um meinen Weg aus diesem Trümmer-
haufen herauszufinden. Ich brauche all meine Kraft, um die Scherben
so wieder zusammenzusetzen, dass ich wieder lebensfähig werde und
bleibe. Es bleibt keine Kraft übrig für Diskussionen, für Rechtfertigun-
gen, für (vergebliche?) Versuche, mich den anderen verständlich zu
machen. Immer, wenn ich es versuche, spüre ich, wie die Kraft, die
ich gerade mühsam wieder gesammelt habe, davonfließt.«

12. Mai 1997

»Ich fühle, dass ich wieder zu leben beginne, dass ich Leben auspro-
biere. Die Zeit des Still-Standes, Still-Stehens ist vorbei. Ich sehe noch
keine klaren Konturen, aber ich bin in Bewegung geraten. Etwas ist
grundlegend anders geworden: Mir fehlt eine innere Leichtigkeit. Ich
bin schwerer geworden in meinem Inneren – und älter.«

27. Juli 1997

»Die Trauer hineinnehmen in das Leben. Das ist die Aufgabe für die
Jahre, die ich noch leben darf. Lass mich wachsam bleiben, Herr, lass
mich offen bleiben, Vater, lass mich durchlässig bleiben für die Trauer
und den Schmerz. Amen.«

14. August 1997

»Michi – heute vor einem Jahr haben wir uns das letzte Mal umarmt.
Manchmal denke ich, es kann nicht sein, es kann einfach nicht wahr
sein. Michi, ich liebe dich – und ich danke dir, dass du in meiner
Nähe bist –«

10. September 1997

»Leben, indem ich den Tod umarme.«

31. Dezember 1997

»Der Fluss der Zeit führt mich immer weiter fort von der Zeit, die ich mit dir gemeinsam hatte – immer wieder – immer wieder – loslassen –«

8. Februar 1998

»Gestern das erste Mal wieder auf einem Faschingsball gewesen – ich habe es genossen, zu tanzen. Beim Tanzen an Michi gedacht – er ist stolz auf mich.
Und eben dann: Beim Einrichten des 98er Kalenders das Deckblatt »Im Notfall wenden an ...« zum ersten Mal ausfüllen ohne Hinweis auf dich, meinen Sohn. Es ist so unwirklich, es kann nicht sein, dass du nicht mehr hier auf dieser Welt bist! Es tut so weh! Du fehlst mir so!«

30. Juni 1998

»Darf es sein, dass es normal ist, ein Leben ohne meinen Sohn zu leben? Darf das sein? ... Michi, ich weiß, dass du mir hilfst, dies Leben ohne dich auszuhalten. Nein, nicht nur es auszuhalten, nicht nur es zu ertragen – du hilfst mir, es zu *leben*, dies Leben ohne dich –«

5. August 1998

»Das Leben – ich liebe es wieder, ich bin bereit, es wieder anzunehmen ...«

14. August 1998

Ich schreibe einen Brief an meine Omi, die 1965 gestorben ist: »... Weißt du eigentlich, dass mich von Michael und dir nach eurem Tod, über euren Tod hinaus, eure Fröhlichkeit begleitet? Ich bin umhüllt von dem Mantel eurer Liebe und Fröhlichkeit.«

17. Oktober 1998

Zum ersten Mal gebe ich wieder ein Fest zu meinem Geburtstag.

22. Oktober 1998

Die erste öffentliche Lesung meiner eigenen Gedichte, in der Stadt-
bibliothek in Regensburg, begleitet von einem bekannten Jazz-Musiker.
Ich lese nicht nur, aber als einen Schwerpunkt, Texte über Trauer. So
kann ich meinen Teil dazu tun, das Thema Trauer in die Öffentlichkeit zu bringen.

11. November 1998

Ich beende auf eigenen Wunsch die Therapiestunden. Ich bin auf einem Weg und kann wieder »allein laufen«.

22. Dezember 1998

»Michi – du fehlst mir so sehr, es tut so weh, die Wunde liegt offen
und bloß und ein Schwall hellroten frischen Blutes strömt heraus –
und es schmerzt und schmerzt und schmerzt. Ich schreie und schreie
und schreie – immer nur innerlich.«

31. Januar 1999

Ich fahre zum zweiten Mal zu dem einwöchigen Seminar »Mein Weg
– Meine Bestimmung«. Inzwischen bin ich auf einem Weg – ich habe
im Sommer des vergangenen Jahres meine Firma wieder eröffnet –,
aber ich bin mir nicht sicher, ob dieser Weg wirklich der Richtige ist.
Mein Körper scheint mir Notsignale zu senden.

4. Februar 1999

»Jeden Morgen geboren zu neuem Leben. Jeden Tag neu entscheiden
über mein Leben. Jede Sekunde mein Leben leben!«

9. Februar 1999

Tränen

Wenn dir die Tränen kommen
und sie fließen dir über dein Gesicht
und alle sehen es

und keiner sieht dich an
und niemand berührt auch nur deine Hand
und nicht einer spricht dich an

dann brennen deine Tränen
sich wie Feuer in deine Haut

9. März 1999

Ich setze um, was ich auf dem Seminar im Februar klar erkannt habe:
Mein bis hierhin stimmiges Lebensmuster der »Power-Karin«, die immer an die Grenze ihrer Belastungsfähigkeit ging, immer neue Herausforderungen suchte, ist brüchig geworden. Der Weg, mit mir und meinem Leben umzugehen, stimmt nicht mehr.
Ich löse meine Firma endgültig auf und gebe – wieder einmal – meine
Aufträge an eine Kollegin ab. Ich stehe zu meiner neuer Entscheidung:
Ich bin Schriftstellerin!
»Ich bin eine andere geworden – mein Leben hat ein neues Muster,
einen neuen Klang – neue, vorher unbekannte Maschen sind hinein-
gewoben.«

Vater
ich danke Dir für die Klarheit meiner Entscheidung
die mich innerlich so fröhlich macht
ich danke Dir, dass Du mir wieder die innere Freiheit geschenkt hast
von dem materiellen Status in dieser Welt
eine Freiheit, die mich innerlich so unabhängig macht

ich danke Dir für die Kraft
die mich wieder den Boden unter meinen Füßen spüren lässt

Vater
ich danke Dir vor allem
dass Du mich wieder frei gemacht hast
Deine Liebe zu spüren

dass Du mir – wieder einmal – geholfen hast,
die Mauer niederzureißen
die ich in meiner Trauer und meinem Schmerz erbaute

Vater
ich bitte Dich,
hilf mir auf meinem neuen Weg
gib mir die Stärke,
das Unverständnis meiner Umwelt liebevoll anzunehmen

gib mir die Geduld,
mit den Ängsten meiner Nächsten
achtsam umzugehen

gib mir die Kraft,
meinen Weg zu gehen,
auch wenn mich selbst die Angst und die Zweifel überkommen

Vater
ich bitte Dich
trag mich mit Deiner Zärtlichkeit und Güte
trag mich mit Deiner Liebe und Geborgenheit
trag mich auf diesem meinem neuen Weg.

Amen.

1. Mai 1999

Die Trauerwelle

Wenn die Trauerwelle kommt
und sich an meiner Seele bricht
dann lade ich sie ein zu mir

und wenn jede Zelle dann in mir
ganz gesättigt ist von ihr
dann fließt sie wieder heraus aus mir

und ich fange sie auf
in einer großen Schale
in die ich Seerosen setze

20. Juli 2000

Ich habe überlebt. Ich lebe. Meistens lebe ich gern. Manchmal bin ich
fröhlich. Oft bin ich gleichzeitig glücklich und traurig. Nur wenig von
meiner alten Kraft ist zurückgekommen. Ich bin dünnhäutig geblieben
und damit sehr verletzbar. Darum muss ich mich mehr abgrenzen,
mehr auf mich achten. Ich bin immer noch dabei zu lernen, mit mir
und dieser so verringerten und veränderten Kraft gut und liebevoll
umzugehen. Ich habe erlebt: Ich kann nicht tiefer fallen als in Gottes
Hände. Ich fühle mich mit meinem Sohn sehr verbunden – er ist in
mir und um mich herum, und gleichzeitig fehlt er mir unendlich.
Ich schreibe, freue mich über Veröffentlichungen meiner Texte in Lite-
raturzeitschriften und Anthologien, halte Lesungen und verkaufe
meine Gedichtmappen. Außerdem biete ich ab und zu Workshops
und Seminare an: »Mit der Trauer wieder zur Lebensfreude«. Immer
wieder ist es ein großes Geschenk für mich, dass ich mit meinen Texten andere Menschen anrühren kann. »Trauer ist kein Tabu. (...)
Karin Webers Texte auch von Lebensfreude geprägt (...) Kommt auch
als Person beim Zuhörer an (...) Keiner verließ in trostloser Trauer-
stimmung ...«, so stand es kürzlich nach einer Lesung in der Zeitung.
Ich bin sehr, sehr froh darüber.
Ich bin überzeugt: Trauer kann ich nicht abarbeiten, bis sie weg ist.
Die Trauer gehört nun zu meinem Leben. Ich versuche, sie zu umarmen und *mit ihr* wieder zur Lebensfreude zu gelangen.

Karin Weber (53 Jahre)

Warum hat er das getan?
Tod durch Suizid

Alle 45 Minuten beendet in Deutschland ein Mensch sein Leben von eigener Hand. Alle fünf Minuten versucht jemand, sich das Leben zu nehmen. Zwei Kinder bzw. Jugendliche unter 25 Jahren sterben täglich durch Suizid. 1997 waren es zwei Kinder unter 10, 27 Jungen und 7 Mädchen von 10 bis 15, 237 Jungen und 61 Mädchen von 15 bis 20, 363 junge Männer und 81 junge Frauen von 20 bis 25 Jahren.
Was trieb diese jungen Menschen dazu, ihr Leben zu beenden? Selten gibt es Antworten darauf. Zurück bleiben Eltern und Geschwister, oft mit Schuldgefühlen und den verzweifelten Fragen: Was haben wir falsch gemacht? Hätten wir es verhindern können?

Ironie

Was passt zusammen
in dieser Welt?
Valentinstag
in Chicago – und auf der anderen Seite
des Globus
gleich schrecklich
und sinnlos

Aggression

Wut,
Ärger
nie gesagt
auf andere gerichtet
auf andere als gemeint
und auf sich.
Es tut weh,

nur weh,
nur noch weh.
Es wird kalt
und ich friere.
Es fehlt jemand
und nicht erst
seit diesen Tagen.

Spurlos

– fast spurlos
hast du dich davon gemacht
und doch
unübersehbar
mit einem Fanal.
Einmal,
ein einziges Mal,
deutlich sichtbar
nicht zu verleugnen
nicht zu verstecken
du,
der KLEINSTE

Nichts mehr übrig?

War wirklich nichts mehr
übrig für dich?
Nicht mal mehr
ein Platz
für dich?
Ein eigener Platz?
Hat sich jemand entschuldigt,
dafür, dass du da warst?
Ich kann es nicht glauben,
immer noch nicht,
nie ...

Unvermutet

Ein Pfauenauge
im Sonnenstrahl
zu einer Stunde
an einem Ort
wo kein Schmetterling
zu erwarten ist.
Ein Zeichen?
Ein Zeichen von dir,
dem Kleinsten,
der nie sich so sacht
geäußert hat?
Nur Fantasie?
Vielleicht?
Dem Kleinsten, der nun fehlt,
der einfach gegangen ist
mit drei banalen
Worten auf der Schreibtischplatte
»Na denn tschüss.«

C. (42 Jahre)

Robert

Es traf mich wie der Blitz: »Robert ist tot, er hat sich in seiner Werkstatt erhängt.« Mit dieser Nachricht stand unsere Tochter am 20. August 1994 morgens um 9 Uhr an unserer Wohnungstür.
Einer meiner ersten Gedanken: Auch das werde ich irgendwie überleben – hatte ich doch im Alter von neun Jahren den Tod meiner Mutter überlebt. *Wie* ich überleben sollte, war mir indes nicht klar.
Heute, nach beinahe sechs Jahren, kann ich sagen: Ja, ich habe überlebt. Ein ganz wichtiger Beitrag dazu war die Teilnahme an den Zusammenkünften der Suizid-Gruppe der »Verwaisten Eltern«. Wie durch ein Wunder hatte ich in kürzester Zeit durch Freunde Kenntnis von der Existenz dieser Selbsthilfegruppe erhalten.

Unsere Freunde haben sehr viel zum Überleben beigetragen. Sie waren einfach für uns da. Sie signalisierten uns auch immer wieder, dass wir uns jederzeit an sie wenden könnten.

Das Leben hat sich sehr verändert. Dinge, die früher wichtig waren, sind jetzt bedeutungslos. Umgekehrt haben Dinge, die früher nicht so wichtig waren, große Bedeutung bekommen. Mit dem Tod von Robert hat eine neue Zeitrechnung begonnen.

Hetta Holzinger (64 Jahre)

Armin

Mein lieber Armin, mehr als zehn Jahre sind vergangen, aber mir ist, als sei es gestern gewesen. An jenem Freitagmorgen umarmtest du mich, verabschiedeten wir uns wie üblich – und es sollte das letzte Mal sein.

Zufrieden war ich damals mit meinem Leben, vor allem glücklich über meine drei gesunden, fröhlichen Kinder. Zugegeben, auf dich war ich besonders stolz, dir schien alles zuzufallen. Irgendwie warst du der Mittelpunkt unserer Familie: so gescheit und auch praktisch begabt, Ansprechpartner für uns alle. Du hast mir unendlich viel Freude bereitet, und dafür danke ich dir von ganzem Herzen. Ich bewunderte dich sehr. Hätte es mir zu denken geben sollen, wenn du völlig entrückt auf dem Klavier den Rachmaninow spieltest, wenn du beim Surfen oder Skispringen extrem gefährliche Situation suchtest, wenn du dich mit Philosophen, vor allem Nietzsche, befasstest? Warum habe ich nicht bemerkt, dass hinter deinem Lachen, deiner Hilfsbereitschaft und deiner Sensibilität vielleicht ein zerrissener, unglücklicher 18-Jähriger steckte? Während ich mich schon auf dein hervorragendes Abiturzeugnis freute, beschäftigtest du dich mit Abschied. Verzeih mir, ich wusste es nicht besser. Eines aber weiß ich: Ich habe dich sehr geliebt und das tröstet mich. Noch heute spüre ich fast körperlich deine letzte Umarmung. Dieses Bild hat sich tief in mir eingeprägt und so bleibst du in meiner Erinnerung.

Damals, an jenem 24. November 1988, feierten wir nachmittags den Geburtstag deines jüngeren Bruders. Du hattest diesen fantastischen Kuchen gebacken, wir lachten viel und schmiedeten Urlaubspläne. Abends sagtest du zu deinen besten Freunden: »Das hier ist meine erste, aber auch letzte Zigarette ...«

In dieser Nacht batest du noch telefonisch einen Freund, zu kommen. Du sprachst auch mit seiner Mutter, schildertest genau, was du vorhattest. Das war ein Hilferuf, aber man nahm dich nicht ernst. Und ich, die ich glaubte, ein so inniges Verhältnis zu dir zu haben, schlief fest. Am nächsten Morgen, nachdem ich aus dem Haus war, schriebst du auf ein Notenpapier einen kurzen Abschiedsbrief und erhängtest dich an der Keller-Außentreppe.

Dein Freund, den du nachts angerufen hattest, fand dich, er wusste ja Bescheid. Er holte den Notarzt, du wurdest reanimiert. Nun lagst du im Koma. Tage später auf der Intensivstation sagte mir der Arzt: »Wenn ich das nur gewusst hätte, ich hätte ihn nicht ins Leben zurückgeholt.« Während ich immer noch hoffte, dass alles nur ein Alptraum war, musste ich mich sofort der Realität stellen. Viele Fragen bedurften der Antwort. Die erste Frage, ob du im Todesfall als Organspender infrage kamst, war kein Thema. Du trugst immer einen Spenderausweis bei dir, ich konnte doch nur deinen Willen erfüllen. Viel schwerwiegender sollte sich meine Entscheidung erweisen, auf die Vormundschaft zu verzichten (nur ein Elternteil kann bei einem Komapatienten als Vormund agieren). Die Verwandtschaft väterlicherseits beschloss, dich nach einigen Wochen Koma nach Norddeutschland zu verlegen. Ich sollte dich nie mehr wieder sehen.

Die Zeit deines Komas muss ich leider bis heute verdrängen: die Gedanken, ob du etwas gemerkt, ob du gelitten hast, ob ich wirklich alles getan habe. Diese Gedanken kann ich immer noch nicht ertragen. Schuldzuweisungen hingegen gibt es fast nicht mehr – jeder hat in dieser extremen Situation sein Bestmögliches versucht.

Nach genau einem halben Jahr im Koma bist du von uns gegangen.

Was kann einen so viel versprechenden, hochbegabten und beliebten jungen Menschen dazu bewegen, dieses Leben aufzugeben? Viele, viele Jahre suchte ich nach Gründen, versuchte jedes Mosaiksteinchen zusammenzutragen. Es führte letztendlich zu nichts. Es ist schwer, dieses Leben zu verstehen, aber ich will es bestehen und es hat eine andere Tiefe bekommen.

Was bleibt ist die große Sehnsucht, die sich manchmal in einem fast körperlichen Schmerz ausdrückt. Aber ich bin inzwischen dankbar für diesen Schmerz, denn dann bist du mir ganz nah. Und eines glaube ich sicher: Wie auch immer, wir werden uns wieder sehen. In großer Liebe, deine Mami.

Annemarie Bläser (60 Jahre)

Herwig

Leuchtend hell steigt ein Ereignis vor mir auf, ganz leicht fühle ich mich dabei, ganz frei. Den Schmerz erinnere ich nicht. Stück für Stück gleitet ein in Monaten vollendetes Körperchen durch meinen Leib, immer tiefer sinkt es, bis er sich voll öffnet und ein Leben entlässt, über das ich mit breiter Hand Liebe streue und um das ich sorgsam die Wurzeln meines Herzens lege. Es ist ein Bub, flüstert die Hebamme mir zu.

Ein Aufflammen von Licht in mir, wenn das Schulkind die Türe zur Wohnung öffnet, schon dort mit heller Stimme meinen Namen ruft und sogleich mit dem Ausbreiten seines kleinen Alltags beginnt. Oder wenn ich ihm nachblicke aus dem Fenster der hochgelegenen Wohnung, wie es täglich seinen Schulweg nimmt, all die vielen Jahre. Die Gestalt, die ich sehe, wandelt sich, doch immer dehnen sich unzählige Fäden zu ihr hin und ziehen sich wieder zurück, wenn sie meinen Blicken entschwindet.

Ein Höhepunkt meines Lebens wird wohl das Erlebnis bleiben, als der damals sehr mitteilungsfähige Neunjährige seiner Überwältigung durch ein kindliches Gefühl Ausdruck gibt, indem er seine Arme um mich schließt mit dem Ausruf: »Ich bin so froh, dass du mir das Leben gegeben hast!«

Dankbare Wärme durchflutet mich, als der jung erwachsene Sohn, der seine Lebensängste und -pläne mit einem Kokon umgeben hat und körperliche Berührungen oft abwehrt, an einem Abend seinen Kopf in meinen Schoß legt, sodass ich ihm sanft über sein Haar streichen kann. Meine ängstlichen, aber zurückgehaltenen Fragen an ihn zerfließen in dieser Stunde und machen einem zeitlosen Innehalten Platz.

Einer unserer letzten gemeinsamen Wege führt beim Pilzesuchen bergan in einen von Moos durchwachsenen Wald. Ich gehe neben meinem zum Mann gewordenen Kind. An einer Stelle des Waldes trennen wir uns, um jeder für sich unser Finderglück zu versuchen. In Gedanken versunken höre ich plötzlich seinen Ruf:»Schau dir dieses Naturwunder an!« Für eine ganz kurze Zeit treffen sich unsere Welten, als wir an diesem Sommernachmittag vor einem stillen kühlen Platz stehen, der übersät ist mit leuchtenden Pfifferlingen, und wir teilen die Freude und das Staunen.

Das Glück, Mutter eines Sohnes zu sein, war auf Zukunft angelegt, auch wenn ein langsames gegenseitiges Loslösen unvermeidlich gewesen wäre. Ich durfte es nicht behalten. Auch meine Liebe hat es nicht gerettet. Dennoch hänge ich untrennbar in den Seilen dieses Glücks.

Ein Brief, 10 Jahre danach:

Mein geliebter Sohn, ein Brief wird es wieder, an dich gerichtet und doch nur eine Klärung für mich! Dein Weg mit mir und mein Weg ohne dich, das sind die Themen, die mich so lange festhielten und die nun doch nur mehr Rinnsale sind, die ganz langsam auslaufen werden, weil so vieles gesagt ist in unzähligen Wiederholungen und weil neue Worte nur mehr schwer zu finden sind. So viele Versuche habe ich gemacht, Leben zu verstehen!

An einer Bushaltestelle habe ich dich entlassen, einen jungen, hochgewachsenen Mann. Du hast dich zu einem flüchtigen Kuss zu mir niedergebeugt und bist dann in den Bus gestiegen. Ich wollte dir winken, du aber hast nicht mehr zu mir zurückgesehen. Ich wunderte mich darüber, verstand es nicht. Aber wir wollten uns in einer Woche wieder treffen, dann würde ich mehr erfahren.

Die Begegnung eine Woche später fand nicht mehr statt. Nachdem kein Anruf kam, überfiel mich ein schrecklicher Verdacht. Ich erbat die Hilfe der Polizei. Sie brach die Tür deines Zimmers auf. Geordnet und stumm lagen deine Habseligkeiten an ihrem Platz, auch alle Ausweise und Papiere. Einen Hinweis auf deinen Verbleib fand ich nicht. Dennoch konnte ich noch hoffen. Vielleicht hattest du allein eine Wanderung unternommen ... in jenen Tagen gab es heftige Gewitter mit schweren Überflutungen. Später entdeckte ich deinen Regenschutz im Schrank.

Du hattest zu einem Freund von der freiwilligen Beendigung deines Lebens gesprochen, erzählt er mir, hattest dich auch damit beschäftigt, ob ein Mensch selbst alle Spuren seines Lebens verwischen kann. Er wunderte sich über deine seltsame Gedankenwelt. Ein Unbehagen blieb zurück, Sorgen machte er sich nicht.

Ja, du hast alle Spuren verwischt. Mitten aus der Stadt bist du verschwunden, einsamer Einzelgänger, der du warst. Sehr bald drängte sich mir der schreckliche Gedanke deiner Selbsttötung auf. Es kam nicht aus heiterem Himmel, denn die Sorge um dich hatte mich viele Jahre begleitet. Ich wusste von deinen Todeserwägungen nach dem Tod deines Vaters, diese aber lagen Jahre zurück. Danach warst du sehr schweigsam geworden. Das Schicksal hat dich von Kindheit an gefordert, aber erst als ich erleichtert an deine Lebensstärke glaubte, erst als meine Bedenken langsam von mir abfielen, erst als mein eigenes Leben mir wieder verheißungsvoll entgegenzuleuchten begann, hast du dein Leben ins Dunkel gewendet.

Kannst du die Macht erahnen, mit der dein Verlust die Zerstörung meines Lebensgefühls vorangetrieben hat? Ich stand im 50. Lebensjahr. Längst glaubte ich, das grobe Raster des Lebens begriffen zu haben. Der Tod hatte sich mir durch das Sterben meiner Eltern und deines Vaters in seiner Blöße gezeigt, Krisen und ihre Bewältigung, auch die langjährige Arbeit mit Menschen haben mir die feineren Strukturen eröffnet. Nun freute ich mich auf ein klares Alter, in dem ich Weisheit ausbauen konnte, in dem ich vorwiegend die Schönheiten des Lebens aufspüren wollte. Meine Kinder hatten die Verantwortung für ihr Leben übernommen, dachte ich.

Ein vermutlich unlösbares Rätsel hast du hinterlassen, an dem ich schwer trage. Unzählige Male habe ich mich in diesen Jahren deinem Tod angenähert, habe alle möglichen Todesarten durchlitten. Dennoch bleiben alle Richtungen offen. Wie viele Tote wurden in all den Jahren

gefunden und erkannt, und du warst nie darunter! Hat die Zeit inzwischen deine Spuren vollständig verwischt? Es gab eine Zeit, in der
ich alle jungen Männer auf der Straße ansah und prüfte, ob nicht du
es warst, hier, ganz in meiner Nähe.
Die schönste Fantasie für mich ist, dass die Stille der Natur dich umfangen hat und dich in sich zurücknahm.
Fast elf Jahre sind nun vergangen und du bist nicht wiedergekommen.
Dein Leben öffnete sich vor mir wie eine Spirale. Seither taste und
horche ich es ab bis in die feinsten Erinnerungen und ich stülpe mein
eigenes darüber. Zehn Geburtstage habe ich überdauert, bin dir vertraute Wege oftmals unter Schmerzen gegangen. Auch den Ort unseres Abschieds habe ich wieder betreten. Ich habe Schmerzen mit
Schmerzen bewältigt.
Aber die zehn Jahre waren gekennzeichnet durch ein wachsendes
Interesse am Leben. Zehn Jahre habe ich aufgebaut: atemlos, ziellos
mit den Händen ringend, wahllos nach Rettung tastend, stimmlos
oder schreiend. Heute trage ich mein Schicksal mit Geduld. Ich habe
völlig neue Seiten des Seins aufgespürt und bin in unbekannte Tiefen
vorgedrungen.
An guten Tagen kann es sein, dass mir mein Leben wie eine bunte Decke
erscheint, die über einen Abgrund gebreitet ist und mich trägt. Doch
kann sie sich sehr schnell als Spinnennetz erweisen, das bei der kleinsten
Bewegung zerreißt. Tränen sind es heute nur noch selten; diese Erleichterung war ein Geschenk der schwersten Zeiten. Ein Klammergriff ist
heute die Antwort, der mein Herz für kurze Zeit zusammenpresst.

In Urlaubsstimmung noch, das Rauschen des Meeres noch im Ohr,
mache ich mich zu Hause daran, die Briefe zu öffnen, die inzwischen
eingetroffen sind. Eine liebe Freundin hat ihrem Brief ein Gedicht beigelegt, wortlos. Ich lese und begreife.

Langsam fortgehen, ohne dass jemand
etwas merkt.
Ich verstehe nichts mehr.
Eine Tür in die Nacht öffnen.

Karl Krolow

Schlagartig verdunkelt sich mein Leben, alle guten Gefühle ziehen sich zurück und reduzieren sich auf einen schmerzenden Punkt. Voll Dankbarkeit denke ich an die Freundin.

Dennoch weiß ich auch wieder, was Lebensfreude ist: vertiefte Freude, die mich ausfüllt bis in die Spitzen.

Deine Mutter

Einer Gefährtin

Welch ein wertvolles Leben
ging der Welt verloren,
klagst du.

Welch ein wertvolles Leben,
klage auch ich.

Dein Sohn schuf neue Musik
und seine Hände zeichneten fein
und er war so gerecht.

Mein Sohn liebte die Sprache
und er durchdachte das Leben
und wog ab seine Schönheit und die erdrückende Pflicht.

Ein jedes Leben hatte seinen Auftrag
und dennoch wählten beide
den Tod.

Sehnsucht

Meine Sehnsucht ein Fluss, auf dem ich treibe,
sein Ziel ist das Meer.
Es liegen ihm auf Blüten des Glücks.

Es gab eine Zeit,
da gingst du mit mir
auf fester Erde.

Ich führte hinein dich ins Leben.
Da hatten die Fragen das Ziel,
dir Antwort zu geben.

Nun haften die Fragen auf meinem Leben
oder sie gehen verloren
in der endlosen Weite der Zukunft.

Die Sehnsucht bleibt bis zuletzt.

Du hast dich verirrt

Du hast dich verirrt,
den Glauben an tragende Liebe
hast du verloren,
nicht fassen konntest du
deinen Wert.

Auf kahlen Feldern irrtest du
in der Leere.

In dieser Leere verhallt nun
der Schrei meiner Liebe.

Das Leben hat dich verwirrt.
Es entzog dir die Hoffnung.

Und ich lebte mein Leben
und wusste es nicht.

Du warst so wach

Du warst so wach,
wolltest sehen und lernen,
konntest staunen, dich freun.

Ich habe zu wenig gepackt in die Zeit,
die du gelebt.
Ich habe dir vieles versagt,
denn ich dachte an Pflicht.

Ich sah zu sehr
nur die Zukunft.

Familientreffen

Vertraute Menschen wieder um mich
und ein Lachen der Jungen,
du aber fehlst.

Einmal warst du einer von ihnen
und gabst mir das Recht, dazuzugehören.
Jetzt aber sind meine Hände so leer.

Neue Wege blättern sich auf,
die du nicht mehr kennst.

Die Zeit verwandelte die Kinder von damals,
sie vermissen dich nicht.

Ich sehe die Menschen im Licht,
mein eigener Schatten hält mich im Dunkel,
meine Sehnsucht verhüllt mir den Blick immer mehr
und verzerrt die umgebenden Stimmen.

Ich bin im Abseits.

Erika Bodner (61 Jahre)

Volker

Und wenn du dich getröstet hast, wirst du froh sein, mich gekannt zu haben.
(Antoine de St. Exupéry)

Auch heute noch, nach mehr als zwölf Jahren, spüren wir den Blitz,
der unser Herz durchzuckte, als wir frühmorgens von der Polizei geweckt wurden. Vor unserem Haus habe sich ein Unfall ereignet und
wir sollten bitte auf die Straße kommen, um zur Klärung der Identität

des Verunglückten beizutragen. Was für ein Schock, als wir unseren Sohn Volker tot auf dem Gehsteig liegen sahen! Was war geschehen? Wie kam er hierher? Eine Welt stürzte ein. Rettungswagen, Polizei und Feuerwehr waren bereits vorgefahren. Man hob den leblosen Körper im blutverschmierten Pyjama ins Rettungsfahrzeug, die Feuerwehr spritzte den Gehsteig sauber. Kripobeamten begleiteten uns in die Wohnung und begannen in Volkers Zimmer nach Unterlagen zu suchen, die auf einen Suizid rückschließen lassen sollten. Was sonst hätte Volker veranlasst haben können, aus dem zweiten Stock auf den Gehsteig zu fallen? Wir froren immer noch in unseren Schlafmänteln. Und auf seinem Schreibtisch lag er dann, sein letzter Wille, das Testament, das er offensichtlich in diesen letzten Stunden in teilweise fahriger Schrift verfasst hatte, kurz nach Vollendung seines 18. Lebensjahrs.

Für uns Hinterbliebene, seine Eltern, seine 15½ jährige Schwester Karin, begann an diesem 26. Januar 1988 ein Alptraum, eine unfassbare Zäsur in unserem Leben. Was konnte Volker zu diesem dramatischen Schritt veranlasst haben? Wie konnte so etwas passieren, ohne jede Vorwarnung? Wie hatten wir so blind, so ahnungslos sein können? Und wieso hatten wir von Volker so gar nichts von dem erfahren, was ihn bedrückte?»Ich wollte die Ideen selbst und keine Kompromisse mit der Realität«, ist einer jener letzten Sätze, die er uns hinterlassen hat. Warum hat er nicht mit uns darüber gesprochen?

Hilflos waren wir unzähligen Fragen ausgesetzt, und bis heute gibt es auf viele von ihnen keine befriedigende Antwort. Sehr schnell wurde uns hingegen eins bewusst: dass wir, sollte unser Leben je wieder einen Sinn gewinnen, uns in den Dienst der Suizidprävention von Jugendlichen stellen wollten.

Bereits wenige Wochen nach Volkers Tod wurden wir von zwei ähnlich betroffenen Eltern kontaktiert, die kurz zuvor eine 17-jährige Tochter bzw. einen 19-jährigen Sohn durch Suizid verloren hatten. So entstand unsere Selbsthilfegruppe »Eltern trauern um ihr Kind«, die wir seither monatlich anbieten. Wir lasen viele Bücher zum Thema und kamen so auf die »Verwaisten Eltern« in Hamburg, wo wir Unterlagen erhielten und ein Wochenendseminar besuchten. Es bestätigte uns, wie hilfreich die gemeinsame Bewältigung des Verlustes in einer

Selbsthilfegruppe sein kann. Zuerst kamen Betroffene aus nahezu allen Bundesländern. Es gelang, einige von ihnen zu ermutigen, doch auch in ihrem Bundesland eine Gruppe zu gründen, und so gibt es heute in Österreich bereits 13 Gruppen.

Das Leid um ein Kind zu teilen, einen gemeinsamen Trauerweg zu beschreiten ist jedoch nur ein Teil unserer Aufgaben. Zwei Jahre nach Volkers Tod gründeten wir die Volker-Paul Goditsch-Stiftung, eine gemeinnützige Institution, die es sich zur Aufgabe macht, suizidgefährdete Jugendliche in ihrer Krise zu begleiten und sie bei der Therapie finanziell zu unterstützen. Wir versuchen auch, das Tabuthema Suizid in der Öffentlichkeit präsent zu machen und durch Schulungen über die Warnzeichen von Suizid den Umgang mit Gefährdeten und deren persönliches Umfeld zu verbessern. In unseren WEIL (Weiter im Leben) Arbeitsgruppen – mit Hilfe unseres Freundes Klaus Grün ins Leben gerufen, der seinen 25-jährigen Sohn Christoph ebenfalls durch Suizid verlor – arbeiten seit mittlerweile acht Jahren rund 25 ehrenamtliche Mitarbeiter/innen aus vielen Berufen. Neben einer Schulungs- und einer Betreuungsgruppe gibt es das Projekt X, eine Gruppe für suizidgefährdete Jugendliche, die sich einmal wöchentlich mit drei jungen Pädagoginnen bzw. Lebensberaterinnen zum Erfahrungsaustausch, aber auch zu gemeinsamen Unternehmungen in Sport, Bildung und Kultur trifft. Darüber hinaus arbeitet WEIL auch an einem Schulungsprogramms für junge Peers mit, die in ihren Schulen andere Jugendliche über Suizidgefährdung aufklären und Hilfen dafür anbieten. In zahlreichen Vorträgen, Presseartikeln, aber auch in Rundfunk und Fernsehen tragen wir das Tabuthema Suizid in die Öffentlichkeit und bemühen uns, den Verantwortlichen in Staat und Kirche den Umgang mit diesem heiklen Thema verantwortungsbewusst näher zu bringen. Sterben doch in Österreich jährlich bis zu 1800 Personen durch Suizid, im Vergleich zu weniger als 1000 Straßenverkehrstoten. Nach wie vor ist die finanzielle Unterstützung der Therapiekosten suizidgefährdeter Jugendlicher eine wichtige Aufgabe unserer Stiftung, denn leider übernimmt in Österreich die Krankenkasse den Kostenersatz für Psychotherapiestunden nur bis zu 20 Euro.

Wir WEIL-Mitarbeiter/innen versuchen als nicht-professionelle Helfer zu agieren, wenngleich Schulungen notwendig sind, um sicherer mit suizidgefährdeten Jugendlichen umgehen und dadurch besser helfen zu können. Dies gilt besonders für unser WEIL-Handy, die 24-stündige Anlaufstelle, die der Telefonseelsorge ähnelt.

Mit all diesen Aufgaben ist wieder Sinn in unser Leben gekommen. Inzwischen hat auch unsere Tochter Karin ihr Studium der Psychologie mit einer Diplomarbeit über »Geschwistertod« beendet. Es war ihr Weg, den Tod des Bruders aufzuarbeiten, wenn es auch durchaus kein leichter Weg war.

Das soziale Engagement prägt jetzt unser Leben. Wir haben viel Kontakt zu Betroffenen und versuchen, mit unserer neu gewonnenen Lebenseinstellung auch anderen Betroffenen Mut zu machen: das Leben wieder in die Hand zu nehmen, noch einmal etwas Sinnvolles anzugehen, Tod und Verlust ihres Kindes in etwas Positives umzuwandeln.

Von Volker fühlen wir uns aus seiner Welt täglich begleitet. Unser eigener Tod hat seinen Schrecken verloren, und so fühlen es die meisten unserer mitbetroffenen Eltern.

Paul (59 Jahre) und Helga Goditsch (64 Jahre)

Frank

Freuden wollt' ich dir bereiten
Zwischen Kämpfen, Lust und Schmerz
Wollt' ich treulich dich geleiten
Durch das Leben himmelwärts.

Doch du hast's allein gefunden,
Wo kein Vater führen kann,
Durch die ernste, dunkle Stunde
Gingst du schuldlos mir voran.

Die Welt treibt fort ihr Wesen,
Die Leute kommen und gehn,
Als wärst du nie gewesen,
Als wäre nichts geschehn ...

Du weißt's, wie mir von Schmerzen
Mein Herz zerrissen ist!

Joseph von Eichendorff

Frank wurde am 22. April 1965 als unser zweites Kind geboren. Er verbrachte eine unbeschwerte Kindheit auf dem Lande, in einem Einfamilienhaus am Waldrand mit seinen Eltern, drei Geschwistern und allerlei Tieren. Frank war sehr tierlieb und technisch interessiert. Beim benachbarten Landwirt fuhr er bereits mit zwölf Jahren den Traktor.

Die lebensbedrohliche Erkrankung seiner Mutter an Krebs, als Frank 14 Jahre alt war, erschütterte diese frohe Kindheit. Trotz Operation und verschiedenster Klinikaufenthalte verloren wir den Kampf. Ein knappes Jahr nach Entstehung des Gehirntumors starb die Mutter von vier Kindern am 27. Januar 1980, dem vierten Geburtstag des jüngsten Sohnes Florian. Sie durfte zu Hause sterben; die Ärzte hatten von einer zweiten Operation abgeraten. Frank war mit am Sterbebett der Mutter. Es war Gott sei Dank ein gnädiger Tod ohne schmerzhafte Leidenszeit, trotz ständiger Pflegebedürftigkeit in den letzten drei Monaten. Beim Tod der Mutter war Frank 15, seine Schwester 16 und die beiden jüngeren Brüder 10 und 4 Jahre alt. Bei den beiden »Großen«, die ja schon fast erwachsen waren, hatte ich, hatten aber auch Verwandte und Bekannte das Gefühl, dass sie diesen Verlustschmerz tapfer trugen. Vielleicht lag es auch daran, dass sie unter Gleichaltrigen nicht als »Trauerklöße« gelten wollten.

Während dieser schweren Zeit bereiteten wir den Wegzug aus der ländlichen Idylle vor und renovierten das künftige Haus in Landshut. Trotz der Sorge um die Mutter war Frank derjenige, der am meisten mit Hand anlegte beim Erweiterungsbau. Hier stellte sich auch heraus, dass er der geborene Handwerker war. Später ergriff er den Beruf des KFZ-Elektrikers und -Elektronikers.

Frank war alles andere als ein Außenseiter. Er hatte viele Freunde, Spaß am Ski- und Schlittschuhfahren, an seinem Moped und später an Autos. Lediglich unter der Bundeswehrzeit litt er und bereute es, nicht »Zivi« geworden zu sein. Er ließ sich auch nicht in seiner Fliegeruniform zu Hause sehen, was ich als Vater bedauerte.

Mit seiner Freundin verstand er sich gut; sie unternahmen im Laufe der Zeit einige schöne Reisen in ferne Länder. Als sie sich ca. drei Jahre kannten, baute Frank eine gemütliche Einliegerwohnung im Haus seiner Freundin aus, wo sie zusammen mit deren Muter wohnten. Uns besuchte er oft, besonders wenn es etwas zu reparieren gab. Dann konnte man fest mit Frank rechnen. Er war ein handwerkliches Genie und jederzeit hilfsbereit.

Ungefähr ein halbes Jahr nachdem Frank in einer großen Elektronikfirma zu arbeiten begonnen hatte, fiel uns auf, dass er oft recht blass und abgekämpft aussah. Er klagte auch über Schlaf- und Konzentrationsstörungen und darüber, sich nicht mehr richtig entspannen zu können. Wir rieten ihm, sich in fachärztliche Behandlung zu begeben und hofften, dass es ein vorübergehendes Symptom war. Außerdem hatte er ja seine Verlobte, bei der wir ihn in guten Händen wussten. Die beiden würden sich schon gegenseitig helfen, dachte ich.

Am Sonntagmorgen, dem 27. Januar 1991 rief die besorgte Verlobte bei uns an und wollte wissen, ob Frank bei uns übernachtet hätte, denn er sei in der Nacht nicht nach Hause gekommen. Ich argwöhnte zunächst nichts, weil ja Faschingszeit war und ich wusste, dass unsere Kinder nicht Auto fahren, wenn sie etwas getrunken haben. Ich versuchte die Verlobte zu beruhigen: Frank habe sicherlich bei Freunden übernachtet und würde wohl bald auftauchen. Aber komisch war es schon, dass er nicht wenigstens angerufen hatte ...

Gegen Mittag traf uns wie ein Blitz aus heiterem Himmel, wie ein Keulenschlag die Hiobsbotschaft: Frank ist tot! Der erste Gedanke: Wieso tot? Er ist doch immer so vorsichtig gefahren! Aber es war nicht die Verkehrspolizei, die an der Wohnung der Verlobten die Todesnachricht überbrachte, sondern zwei Herren der Kriminalpolizei. Sie kamen auch zu mir und fragten, ob ich bereit sei, mitzukommen und meinen Sohn zu identifizieren. Er habe sich durch Einatmen von Kohlenmonoxid das Leben genommen.

»Nein, das kann ich nicht!«, wehrte sich alles in mir. »Dann muss es halt die Verlobte machen«, war die lapidare Antwort. Mein Gott, ich konnte doch das Mädel nicht alleine hinfahren lassen! Schweren Herzens, ohnmächtig, wie vor den Kopf geschlagen, nicht fähig, es zu fassen, sagte ich zu. Meine Lebensgefährtin und Franks Verlobte kamen mit, auch deren Mutter, die unseren Frank wie einen eigenen Sohn liebte.

Diese schweigende Autofahrt zur ca. 30 Kilometer entfernten ehemaligen Kreisstadt, wo Frank in der dortigen Friedhofskapelle mittlerweile aufgebahrt war, werden wir wohl nie vergessen. Die Beamten der Kriminalpolizei nahmen uns in Empfang. Es war ein bitterkalter Januarmorgen, und nachdem die dürftige Decke zurückgezogen war, spürten wir, als wir ihn berührten und ein letztes Mal streichelten, eine abgrundtiefe Kälte.

Alles in uns sträubte sich dagegen, aber wir mussten begreifen: Es ist geschehen.

Die Verlobte versicherte, dass es keinen Streit gegeben hatte. Sie hatten sich am Abend bei gemeinsamen Bekannten treffen wollten; Frank hatte gesagt, sie solle schon vorausfahren, er käme nach. Auch am Arbeitsplatz war nichts vorgefallen. Franks Vorgesetzter, der das Geschehen ebenfalls nicht fassen konnte, sagte uns, dass Frank hatte befördert werden und mehr Verantwortung übernehmen sollen, weil er sich so hervorragend eingearbeitet hatte wie keiner seiner Vorgänger. Dass er keine Schulden hatte, wusste ich. Was, um Himmels Willen, war passiert?

Franks Arzt fiel aus allen Wolken. Ja, er habe bei Frank eine Art endogene, von innen heraus entstandene Depression diagnostiziert und ihm ein leichtes Antidepressivum verschrieben. Aber damit hatte er doch nicht gerechnet ...! Frank jedoch hat allem Anschein nach seine Depression als etwas sehr Bedrohliches erlebt und tunlichst vermieden, es zu zeigen. Er wollte niemanden damit belasten. Die engsten Verwandten durften es nicht wissen, weil er sich schämte, und die einzige Mitwisserin, seine Verlobte, durfte es niemandem sagen. Er versprach ihr, als sie sich zuletzt sahen, etwas dagegen zu unternehmen.

Auf einer Tonkassette im Autoradio fanden wir schließlich eine Nachricht. Es waren ausgewählte Songs aus der Rockoper »The Wall« von Pink Floyd. Wir haben den englischen Text mühsam übersetzt und diese Strophen als sein Abschiedsvermächtnis akzeptieren müssen. Darunter ist eine Zwiesprache mit der Mutter: »Denkst du, sie werden die Bombe werfen? Kann ich der Regierung trauen? Werden sie mich an die Front stellen?« Damals, im Januar 1991, eskalierte der Golfkrieg; Frank war Reservesoldat und Einsätze der Bundeswehr wurden öffentlich diskutiert. Wie in einem Wiegenlied versucht die Mutter ihren Sohn nach jeder Frage zu beruhigen. Weitere Strophen: »Ich brauche keine Medikamente. (...) Denkt nicht, dass ich irgendetwas brauche. (...) Alles in allem waren es nur Steine in der Mauer. Goodbye, cruel world, I'm leaving you today. Goodbye, goodbye ...« Frank wählte den Todestag seiner Mutter und aller Wahrscheinlichkeit nach auch die gleiche Stunde. Seine Mutter starb elf Jahre vorher am 27. Januar morgens um 1 Uhr an Krebs.

Herr, wir sind so voller Traurigkeit und wollen doch nicht so verlassen bleiben,
aufgehalten in bitteren Gedanken, im Grübeln über Schuld und Fehler.
Herr, nimm du uns die Sorge ab für die, die wir nicht mehr erreichen können.
Wir bitten dich für ihre zerrissene Seele, dass du sie hell machst
und ihr bei dir neues Leben schenkst.
(Corinna Diestelkamp nach Psalm 90.12)

»Ein Blitz war durch die Zeit gefahren und hatte sie durchtrennt«, schreibt Dr. Erika Bodner im Jahresheft 9/97–98. Ich hoffte damals immer, aus diesem Alptraum endlich aufzuwachen. Gleichzeitig wurde immer gewisser, dass es kein Alptraum war.
Ich erwog, mit 55 Jahren vorzeitig in Pension zu gehen. Ständig lauerten die Gedanken, warum das alles geschehen konnte, monatelang, jahrelang! Ein kleiner Trost war die Lektüre von »Wenn Mütter trauern«, in dem die beiden letzten Kapitel die Überschrift tragen: »Wenn Väter trauern«. Diese Väter sprachen mir aus der Seele. Ein Lichtblick dann der Kontakt zu den »Verwaisten Eltern« (durch jenes Buch), wertvolle Unterstützung aus München und Hamburg, Versuch der Gruppengründung in Landshut im Frühjahr 1992. Es klappte! Ich bekam das Gefühl, dass Franks Tod doch nicht umsonst gewesen war. Es wäre mir auch unerträglich gewesen, wenn sein Tod nichts bewirkt hätte.
Ganz wertvoll waren die von München aus angebotenen Wochenendseminare, Fortbildungen und der Erfahrungsaustausch für Gruppenbegleiter, zur gleichen Zeit auch der Kontakt zu AGUS Bayreuth (Angehörigengruppe um Suizid). Schon 1995 wurde die Gruppe zu groß:

elf suizidbetroffene, dazu die anderen trauernden Eltern. Deshalb gründeten wir noch im selben Jahr eine reine AGUS-Gruppe Landshut, an die sich nun alle Suizidbetroffenen wenden konnten.

1995 auch der erschütternde Suizid einer vierzehnjährigen Gymnasiastin ganz in unserer Nähe. Sie wurde an ihrem 14. Geburtstag beerdigt, ihr selbst gewählter Tod ein Rätsel. Sonst eine Einserschülerin, die Sechs in Mathematik, eine Ausnahme, kann nur der Auslöser gewesen sein. Sie war als lebenslustiges Mädchen bekannt, war bayerische Vizemeisterin im Kegeln. Ein Schock für Angehörige, Lehrer und Schüler am Gymnasium – und für uns der Anlass, Kontakt zu den Schulbehörden und zur »Arche« in München aufzunehmen. Wir erfuhren, dass eine Schulpsychologin in Gütersloh, Frau Dr. Heidrun Bründel, ein Unterrichtsmodell zur Suizidprävention entwickelt hatte. Dieses Modell stellte ich in Niederbayern und Schwaben den Schulpsychologen und Beratungslehrer(inn)en vor, erhielt auch die Nachdruckerlaubnis dafür, denn ich brauchte größere Mengen. Als Einstieg zu diesen Vorträgen dienten Szenen aus dem bekannten Video »Schattenrisse« von Yola L. Grimm über Geschwistertrauer. Die 1998 ebenfalls von Yola L. Grimm gedrehte Dokumentation »Bittere Tränen« über Suizidversuche und Suizid von Jugendlichen erzählt eigentlich auch Franks Geschichte. Es gibt verblüffende Parallelen.

In diesem Jahr habe ich die in Bayreuth entstandene Ausstellung »Gegen die Mauer des Schweigens«, verwirklicht von einer jungen und selbst betroffenen Werbegestalterin, nach Landshut geholt. Zunächst stellte die AOK ihre Räume für fünf Wochen zur Verfügung. 30 Schulklassen besuchten dank des Engagements der Religionslehrer diese aufrüttelnde Ausstellung. Zur Vertiefung dienten Ausschnitte aus »Bittere Tränen« und eine Buchausstellung zum Thema Suizid und Depression. Die Kaufmännische Berufsschule II in Landshut holte die Ausstellung anschließend sogar in ihr Schulgebäude. Damit bekamen rund 1000 weitere Schülerinnen und Schüler Gelegenheit, sich mit den 30 Plakaten auseinanderzusetzen. Die Wanderausstellung wird in diesem Jahr noch an mehreren Orten zu sehen sein.

Zum Schluss möchte ich aus einem Büchlein zitieren, das mir der erste Tröster in größter Not war. Leider ist dieses Trostbüchlein vergriffen und wird nicht wieder aufgelegt:

Es gehört zu unserem Menschsein dazu, dass wir längst nicht für alles eine Erklärung haben, längst nicht auf alle Fragen eine Antwort bekommen. Und so müssen wir, so hart es ist, es in dieser Situation aushalten – dass ihr Leben so geendet hat. Da ist uns eine Wunde geschlagen. Sie wird noch lange bleiben und, wenn überhaupt, erst spät vernarben. Die Narbe wird bleiben und uns immer wieder erinnern. Es ist geschehen; wir konnten es nicht verhindern. (Wilfried Hufnagel)

Werner Kühnert (64)

Benjamin

(Aus der Münchner Katholischen Kirchenzeitung)

»Selbstmord« findet Sigrid von Stülpnagel ein dummes Wort. Als Juristin weiß sie, welche Kriterien ein Mord erfüllen muss: niedere Beweggründe, Heimtücke, besondere Grausamkeit. Auf Suizid trifft das ihrer Meinung nach nicht zu. Auch mit der Vokabel »Freitod« ist sie vorsichtig. Sie mag nicht so recht daran glauben, dass der Entschluss, aus dem Leben zu scheiden, in innerer Freiheit geschieht. Wenn die Mutter von vier Kindern schon einen Ausdruck für das Unbegreifliche finden muss, dann wählt sie am liebsten »sich das Leben nehmen«. So wie bei ihrem zweitjüngsten Sohn Benjamin, der – gerade achtzehn geworden – im April 1998 offenbar keinen anderen Ausweg mehr wusste, als sein Leben mit einem Kopfschuss zu beenden.

Benjamin war ein Glückskind – so bezeichnet ihn seine Mutter auch heute noch – inmitten einer glücklichen Familie. Einer, dem alles mit Leichtigkeit und Perfektion von der Hand ging, ein guter Schüler und begeisterter Sportler. Einer, der Charme hatte und ihn einzusetzen wusste, ein Sunnyboy eben – im besten Sinne des Wortes.

Unmerklich und wie aus heiterem Himmel muss sich im Januar vor zwei Jahren eine dunkle Wolke über Bennis Leben geschoben haben, die ihn immer mehr verschlang. Die ganze Familie laborierte an einer Virusgrippe, von der nur Benni sich nicht mehr richtig erholte. Über

Wochen hin fühlte er sich schlapp, müde und antriebslos. Dass sich
hinter diesen Symptomen eine schwere Depression oder gar eine
Psychose verbergen könnte, erkannte keiner – nicht der Hausarzt,
nicht der Internist und auch nicht der Neurologe, der ihm lediglich
ein Präparat verschrieb, das seine Schlafphasen regulieren sollte. Ihn
selbst hat der Kampf, der sich in seinem Körper und seiner Seele ab-
gespielt haben muss, wohl maßlos überfordert. »Ich bin so müde«,
»Ich hab mein Gedächtnis verloren« und: »Ich versteh gar nicht, was
die da alles reden«, das waren seine Kommentare, wenn er mittags
erschöpft und kraftlos aus der Schule nach Hause kam. Dann schrieb
er doch wieder wie gewohnt gute Klausuren, schöpfte neuen Mut –
bis ihn die dunkle Wolke aufs Neue mitnahm. So ging das einige Woche lang. Wochen, in denen sich die Eltern große Sorgen machten
und an einen Gehirntumor oder Ähnliches dachten. Heute, im Nachhinein, kann Bennis Mutter die Signale, die ihr Sohn vorher aussen-
dete, deuten. Etwa, wenn er sagte: »Ich bin nicht mehr der alte
Benni« oder das eine Mal, als er ihr zwischen Tür und Angel mitteilte:
»Wenn ich nicht mehr gesund werde, bringe ich mich um.« »Du wirst
'nen Teufel tun«, hat sie ihm damals zugerufen und die Sache auf sich
beruhen lassen – weder sie noch Benni konnten ja wissen, wie tod-
ernst er diesen Satz wenig später nehmen sollte.
»Warum Jugendliche sich das Leben nehmen, bleibt letztlich ihr Geheimnis«, sagt Mag. Christine Fleck-Bohaumilitzky, die als Theologin
im Münchner Selbsthilfeverein »Verwaiste Eltern« arbeitet. Oft seien
es Menschen mit hohen Ansprüchen an sich selbst und ihre Umwelt,
und natürlich spielten in diesem Alter auch die dramatischen Veränderungen der Pubertät eine Rolle. Oder wie bei Benni die mangelnde
Erfahrung im Umgang mit Krisen.
»Wenn die Wunde jemals heilen soll, müssen wir den Finger auf sie
legen.« Dieser Satz ihres Schwagers im Trauergottesdienst wurde in
den Folgemonaten zum Überlebensmotto der Sigrid von Stülpnagel.
Sie stürzte sich mit solcher Wucht in ihre Traurigkeit, dass andere
fürchteten, sie würde in dem Tränenmeer ertrinken. »Ich habe stundenlang die Passionen von Bach gehört und dabei ohne Ende vor
mich hingeweint«, erinnert sie sich an ihre Art der Aufarbeitung. Ihr
Mann fand andere Möglichkeiten, und ihr großes Glück war, dass sie

einander in ihrer Trauer aushalten konnten und sich gegenseitig keine
Vorwürfe gemacht haben. »Unsere Beziehung ist durch Bennis Tod
zu einer Tiefe herangereift, die sie sonst nie erreicht hätte«, sagt die
50-Jährige, die sehr wohl weiß, dass sie und ihr Mann zu den
wenigen Paaren gehören, die der Tod eines Kindes nicht auseinander
reißt. »Frauen trauern anders als Männer.« Diese Erfahrung macht
auch Christine Fleck-Bohaumilitzky täglich. Männer zögen sich eher
zurück oder stürzten sich in die Arbeit, für Frauen hingegen sei es
ganz wichtig, immer wieder darüber zu reden, zu weinen und
wieder zu reden. »Wenn es da keine gegenseitige Akzeptanz gibt,
dann geht unter Umständen auch die Beziehung schief«, warnt die
Theologin.

Was sich die Eltern an gegenseitigen Beschuldigungen ersparten – die
Selbstvorwürfe quälten ohnehin genug – davon verschonte sie ihre
Umwelt noch lange nicht. Von zerrütteter Ehe war da die Rede, von
Drogen und »dass es irgendwas in der Familie gegeben haben muss,
denn sonst macht ein Kind so etwas ja schließlich nicht!« Sigrid von
Stülpnagel kann ob solcher Unterstellungen nur den Kopf schütteln
und findet gleichzeitig eine einfache Erklärung dafür: »Die Leute
haben Angst, dass so etwas Unfassbares auch sie selbst treffen könnte,
deshalb müssen sie etwas finden, was auf ihre Familie nicht zutrifft,
irgendeine Erklärung.« Sie jedenfalls weiß nur, dass sie bis zu Bennis
Tod eine glückliche Familie waren und es danach schrittweise und
mühsam wieder lernen mussten.

Und sicher stünden die Fünf nicht dort, wo sie heute stehen, wenn
sie nicht auf einen Familien- und Freundeskreis hätten zurückgreifen
können, der sich in der Not bewährte und in dessen Mitte sie vor
Anschuldigungen sicher waren. Ob es um eine warme Mahlzeit ging
oder darum, für Anselm, den kleinen Bruder von Benni, so etwas wie
Normalität zu schaffen: Die Geschwister, Nachbarn und Freunde
waren selbstverständlich da. Besonders einer stand der Familie vom
ersten Abend an zur Seite: ein Seelsorger, der das sprachlose Entsetzen
der Familie schweigend aushielt, Abend für Abend. Er spendete keinen falschen Trost, weil er wusste, »dass es Dinge im Leben gibt, die
wir nicht erklären können.« Er musste seine Hilflosigkeit nicht durch
unüberlegte Äußerungen überspielen – im Gegensatz zu einem ande-

ren Geistlichen, der mit sicher gut gemeinten Sätzen wie: »Ich hab
den Kindern im Konfirmandenunterricht doch immer gesagt: »Selbstmord ist keine Lösung«, oder noch schlimmer: »Wir dürfen trotz
allem nicht vergessen, Gott zu loben«, Sigrid von Stülpnagel tief verletzt hat. Sie weiß beim besten Willen nicht, wofür sie Gott in dieser
Situation auch noch hätte loben sollen.

Mittlerweile kann die Familie wieder leben, wenn auch anders. Das
liegt vor allem daran, dass Bennis Tod nie ein Tabu-Thema war. Die
drei Brüder von Benni haben ihre Eltern weinen sehen, und auch sie
mussten ihre Trauer nie verstecken. Ihre Mutter hat ihnen psychologische Hilfe angeboten, aber nicht aufgezwungen. Sie weiß, dass sie ihren Söhnen den Zeitpunkt der Auseinandersetzung nicht diktieren
darf. Eines aber hat sie sich geschworen: Sollte sie jemals Schwieger-
töchter haben, wird sie diesen von Benni erzählen. Sie wird nicht
schweigen wie ihr Vater, der über den Suizid seiner Mutter und den
ihrer Zwillingsschwester nie geredet hat. So verständlich das Verhalten
auch sei, Sigrid von Stülpnagel hält es für sehr gefährlich. Sie muss
manchmal daran denken, ob sie Bennis Bedrängnis wohl richtiger
hätte einschätzen können, wenn sie mehr um die Depressionen seiner
Ur-Großmutter gewusst hätte, und sie kann sich auch vorstellen, dass
ihr fröhlicher Benni unbewusst schwer an der drückenden Last dieses
dunklen Familiengeheimnisses trug.

Insgesamt verläuft ihr Leben heute in ruhigeren Bahnen. Ihren eigentlichen Beruf, Rechtsanwältin, hat sie mit der Rückgabe ihrer Zulassung
vor einigen Monaten endgültig an den Nagel gehängt. »Ich will mich
nicht mehr streiten müssen wegen letztlich meist materieller Dinge«,
begründet sie ihren Entschluss. Dafür engagiert sie sich zum Beispiel
in der Suizid-Gruppe der »Verwaisten Eltern«. »Laute Leute« und
»dummes gesellschaftliches Gequatsche« erträgt sie nicht mehr gut,
und die Trauer um Benni ist zu einem stillen Begleiter geworden, der
sich ihrer Lebensfreude und ihrem Glück jedoch nicht mehr in den
Weg stellt. Wenn sie sich beschreiben soll, greift sie zu einem harten,
aber passenden Vergleich: »Ich fühle mich wie eine Amputierte«, sagt
sie. »Ich habe vier Kinder, zwei Arme und zwei Beine. Nun ist ein
Bein abgeschnitten und das tut unwahrscheinlich weh. Aber auch ein
Amputierter lernt wieder laufen.« Die Wunde aber bleibt für immer.

»Und das ist ganz normal«, weiß Christine Fleck-Bohaumilitzky: »Die Trauer dauert ein ganzes Leben lang. Man hätte diesen Menschen ja wahrscheinlich auch ein ganzes Leben lang geliebt.«

Bettina Herman, freie Journalistin der MK

Gedanken zu Johannes 20, 1–18

Mit dem Tod Jesu sind alle Hoffnungen der Jünger zerbrochen. Die Hoffnungen haben sie zu Grabe getragen. Sie sind verletzt und erschüttert. In ihrer Trauer und Angst waren sie wie gelähmt, sie haben sich hinter verschlossene Türen zurückgezogen. So wie die Jünger von Trauer und Angst überwältigt wurden, so wurden wir, die wir ein Kind verloren haben, durch unsere erschütternde Erfahrung in einen Abgrund gestürzt, dessen Tiefe und Intensität außerhalb unserer Erfahrung und Vorstellungskraft lagen. Das Schlimmste, was einem widerfahren kann, ist uns widerfahren.

Auch wir brauchen und brauchten gerade am Anfang dieses schützende Versteck, die verschlossenen Türen, um den, um die nächsten Tage bewältigen zu können. Viele von uns kennen das Gefühl, gerade am Anfang am liebsten zu Hause zu sein, sich in die eigenen schützenden Wände zurückzuziehen, den Kontakt nach außen zunächst zu meiden. Mit den schützenden Wänden meine ich nicht nur die räumlichen, sondern auch die seelischen. Nichts kann uns mehr treffen, nichts interessiert uns mehr, wir sind vollkommen von unserem Schmerz absorbiert. Für nichts lohnt es sich mehr, die schützenden Wände zu verlassen. Sie schützen mich, aber langfristig schneiden sie mich auch vom Leben ab.

Die Jünger Jesu waren nach seinem Tod nicht allein, sie waren in der Gruppe, und dennoch musste sich jeder seinem persönlichem Schmerz stellen. Alle haben dabei die gleiche Erfahrung gemacht. Auch wir haben unseren ganz persönlichen Verlust, unsere eigene Trauer, und erfahren dennoch in den Gruppen: Es gibt andere, die den gleichen Schmerz erleiden und erlitten haben. Jeder ist allein und auf sich zurückgeworfen in seiner Trauer – allein, aber nicht allein gelassen.

Maria aber macht sich frühmorgens auf dem Weg zum Grab, es ist noch dunkel. Sie geht dorthin, wo ihr größter Schmerz liegt. Sie wagt den Schritt nach draußen, trotz der Dunkelheit in ihr und um sie herum. Sie weiß nicht, was sie erwartet, aber sie macht sich auf den Weg. Auch in unserem Trauerweg ist es wichtig, den für uns richtigen Zeitpunkt zu finden, um das schützende Versteck zu verlassen und uns auf den Weg zu machen, auch wenn wir noch nicht wissen, wohin er uns führt. In der Erstarrung zu verharren ist kein Weg.

Maria entdeckt zunächst, dass der Stein vom Grab weggenommen ist. Sie läuft zu den Jüngern, um ihnen von dem leeren Grab zu berichten. Die laufen los. Der Erste sieht zwar die Leinenbinden, schaut aber nicht hinein, er bleibt auf Distanz – äußerlich und innerlich. Simon Petrus wagt den Schritt hinein, bleibt aber seelisch auf der äußeren Wahrnehmungs- und Verstandesebene – er sieht zwar mehr als der andere Jünger, nämlich die Leinenbinden und das Schweißtuch, aber das Entscheidende bleibt ihm noch verborgen. So gehen die Jünger wohl deprimiert, enttäuscht, sich verlassen fühlend wieder nach Hause.

Maria aber setzt sich vor das Grab und weint. Für mich ist das ein ganz wichtiger Satz: auf der einen Seite die Aktivität, die Kraft nach draußen zu gehen, auf der anderen Seite das Zulassen der Tränen, der Trauer, auch draußen und nicht nur hinter verschlossenen Türen. Durch diese beiden Komponenten – das Heraustreten und das Zulassen der Trauer auch außerhalb der verschlossenen Wände, was Kraft und Mut erfordert – wird sie offen für Neues.

Während sie weint, sich ihrer Trauer hingibt, beugt sie sich in die Grabkammer. Sie wagt sich auf die emotionale und spirituelle Ebene, und ihr wird Neues geschenkt: die Begegnung mit den Engeln. Sie wird gefragt, warum sie weint, und Maria erklärt ihnen den Grund ihrer Trauer. Das Angesprochen-Werden und das Aussprechen, das Finden von Worten für die unaussprechliche Trauer hat therapeutische, heilsame Wirkung. Wir alle kennen das: Wenn wir uns mitteilen, sind wir nicht mehr allein, wir teilen unsere Erschütterung mit anderen.

Als Jesus ihr dann erscheint und sie ihn, nachdem er sie angesprochen hat, erkannt hat, möchte sie ihn festhalten. Wir alle hätten unsere

Kinder am liebsten festgehalten, sie bewahren, sie schützen wollen – und mussten sie doch endgültig gehen lassen. Diese Erfahrung machen zu müssen, kostet so unendlich viel Kraft, seelische und körperliche Kraft.

Maria aber geht ihren Weg weiter mit der Gewissheit, mit Jesus als innerem Begleiter weiterzuleben, so wie auch unsere Kinder uns zu inneren Begleitern werden oder noch werden können.

Später findet Jesus die Jünger auch hinter verschlossen Türen. Damit dürfen alle Trauernden, die nicht selbst die verschlossenen Türen öffnen mögen, darauf hoffen, dass es jemanden geben wird, der mit ihnen zusammen diese Türen eines Tages öffnen wird.

Ich wünsche uns allen die Hoffnung, die Kraft und den Mut, eines Tages wieder ja zum Leben sagen zu können. Und ich möchte schließen mit den Worten Dietrich Bonhoeffers, die er 1943 im Gefängnis schrieb: »Es gibt nichts, was uns die Abwesenheit eines lieben Menschen ersetzen kann und man soll das auch gar nicht versuchen, man muss es einfach aushalten und durchhalten. Das klingt zunächst sehr hart, aber es ist auch zugleich ein großer Trost; denn indem die Lücke wirklich unausgefüllt bleibt, bleibt man durch sie miteinander verbunden.

Es ist verkehrt, wenn man sagt, Gott füllt die Lücke aus, er füllt sie gar nicht aus, sondern er hält sie vielmehr gerade unausgefüllt und hilft uns dadurch, unsere alte Gemeinschaft miteinander – wenn auch unter Schmerzen – zu bewahren. Ferner: je schöner und voller die Erinnerung, desto schwerer ist die Trennung. Aber die Dankbarkeit verwandelt die Qual der Erinnerung in eine stille Freude. Man trägt das vergangene Schöne nicht wie einen Stachel, sondern wie ein kostbares Geschenk in sich.«

Sigrid von Stülpnagel, Ansprache beim Ostergottesdienst der Verwaisten Eltern am 9.4.2000.

Haupt- und ehrenamtliche Arbeit mit verwaisten Eltern und trauernden Geschwistern

Stellvertretend für die vielen, die in unserem Verein trauernde Eltern und Geschwister begleiten, sollen hier Menschen zu Wort kommen, die berichten, wie sie zur Mitarbeit bei uns gekommen sind und was sie in der Begleitung trauernder Eltern und Geschwister für besonders wichtig erachten.

Meine Geschichte mit und bei den verwaisten Eltern

Vor einigen Wochen kam ein geänderter Einkommensteuerbescheid für das Todesjahr meines Kindes. »Angleichung des Existenzminimums eines Kindes«, stand da. Diese unvorhergesehene Konfrontation mit dem Geschehenen brachte mich nachhaltig »aus dem Tritt«.

Im Laufe der Zeit waren die Tiefs überschaubar, ja fast vorhersehbar geworden; sie waren seltener und nicht mehr so lang anhaltend. Ich hatte gelernt, mit dem Verlust des Kindes zu leben. Umso mehr erschreckte mich die Intensität der Gefühle, die dieser Steuerbescheid in mir auslöste. Ich hielt lange Zwiesprache mit mir selbst und mit Johannes, dessen Entwicklung ich nur wenige Wochen verfolgen durfte, der von mir ging, bevor ich mit ihm recht verwurzeln konnte.

Und die Zeit nach seinem Tod ist eng verbunden mit dem Verein der verwaisten Eltern. Gleich nach seinem Tod war ich mir bewusst, dass ich ohne Hilfe die nächste Zeit nur mit großen Mühen überstehen würde. Eine Radiosendung, in der die »Verwaisten Eltern« vorgestellt worden waren, hatte ich noch irgendwo im Hinterkopf, und eine Bekannte, die ich im Krankenhaus nach dem Tod meines Johannes traf, versprach mir die Adresse herauszusuchen. Ein »guter Geist« gab mir das Buch von Ursula Goldmann-Posch, »Wenn Mütter trauern«. So gerüstet beging ich Weihnachten, das – endlich mit Kind – so schön hatte werden sollen.

Nach diesem Weihnachten, das in einem grauen Nebel verschwunden ist, ging ich erstmals in die offene Gruppe der »Verwaisten Eltern« in

München und traf dort Christl Ziegler, damals noch Rohm, die ich bereits seit einigen Jahren aus meinem Berufsumfeld kannte. War ich da immer die Starke und Christl so zerbrechlich gewesen, war es jetzt umgekehrt. Sie schien unendlich viel Kraft zu haben, nicht nur für mich, sondern auch für all die anderen Betroffenen, die sich mittwochs in der Schrenkstraße trafen.

Es folgten Wochenendseminare in Seewies und die Teilnahme an einer geschlossenen Gruppe, die neben mir nur aus zwei weiteren Teilnehmerinnen bestand. Wir trafen uns zuerst alle zwei, dann alle vier Wochen, später, bis zur Geburt von Christls Kind, in loser Folge. Von dieser geschlossenen Gruppe, die in sich so harmonisch war, weil wir uns auch privat anriefen und trafen, zehre ich noch heute. Ich denke immer wieder zurück, hole mir Bilder und sonstige Unterlagen hervor, und alles hat heute noch seine Bedeutung.

Irgendwann hatte Christl Fragen, die in mein Berufsfeld fielen, und ich half so gut ich konnte. Das führte schließlich dazu, dass ich seit der vorletzten Wahlperiode dem Vorstand angehöre und die Arbeit des Vereins mit meiner administrativen Hilfe unterstütze.

Dorothea Böhmer

Mein Kind ist tot – Suizid!

Immer wieder lässt uns das Ereignis den Atem anhalten: Ein Kind kommt zu Tode, indem es sich das Leben nimmt. Sprachlosigkeit breitet sich über das Leben der Betroffenen. Wie eine Mauer schiebt sich der Tod des Kindes zwischen ihr Leben und das der anderen. »Wer nicht selbst betroffen ist, kann nicht wirklich verstehen, was in einem vorgeht«, spricht eine Mutter das aus, was wohl alle Betroffenen empfinden – gleichgültig ob sie ein Kind durch Suizid, Unfall, Krankheit oder Frühtod verloren haben.

Seit zehn Jahren gibt es in München den konfessionsfreien Verein »Verwaiste Eltern«, der der Caritas angegliedert ist. Begonnen hat alles mit einer Selbsthilfegruppe, einer Initiative betroffener Eltern füreinander. Dabei spielte es zunächst keine Rolle, wie ihr Kind gestorben war. Sehr bald wurde jedoch klar, dass vom Suizid betroffene Eltern in einer besonderen Situation sind, die einer eigenen Begleitung bedarf. Vor ca. neun Jahren entstand die Suizid-Gruppe, angesiedelt in der Pfarrei Leiden Christi und offen für jeden Betroffenen. Vierzehntägig treffen sich Eltern, um gemeinsam über den Tod ihres Kindes zu reden, Schuldfragen nachzugehen, Versäumnisse zu erkennen und jene Fragen zu stellen, die immer wieder gestellt werden: Warum gerade mein Kind? Warum auf diese Art und Weise? Was habe ich versäumt? Wo habe ich mein Kind nicht rechtzeitig verstanden? Hätte ich es verhindern können? Was ist mit Erlösung? Viele Eltern bedrückt ja zusätzlich noch die alte Vorstellung, ein Mensch, der sich das Leben genommen hat, sei nicht erlöst. Auch bei Menschen, die zur Kirche und zum Glauben wenig Bezug haben, sind diese Fragen in dieser Situation unwiderruflich da. Nicht selten entstehen Krisen in der Partnerschaft. Auch die Geschwister müssen den Tod ihres Bruders, ihrer Schwester bewältigen.

Anfangs steht auch immer die Frage im Raum: Werde ich überhaupt jemals wieder froh sein können? Keiner glaubt so recht daran, dass es weitergeht. Eltern, die schon vor längerer Zeit ein Kind verloren haben, können dann an der eigenen Situation aufzeigen, wie und dass es weitergehen kann. Mit der Zeit sind Tiefen nicht mehr so nachhaltig, Momente des Wieder-frei-sein-Könnens, des Froh-sein-Könnens werden länger. Beim ersten Treffen glaubt jeder, dass er nie wieder lachen kann, doch bislang haben es alle geschafft. Natürlich kann das Leben nie mehr so werden, wie es vorher war, aber die meisten Eltern und Geschwister finden trotz des Schicksalsschlags einen Neuanfang. Es entstehen völlig neue Perspektiven und Werte, häufig ein anderes Selbstbild, in jedem Fall größere Sensibilität. Alte Freundschaften verlieren sich oft, aber neue entstehen.

Die Treffen laufen auf immer gleiche Weise ab. Mütter und Väter kommen zusammen. Sie können sich vorstellen, die Situation ihres Kindes beschreiben – oder auch nicht. Alltäglichkeiten kommen zur Sprache: der tägliche Umgang mit dem Kind, das nicht mehr da ist, das Leben mit der Erinnerung, nicht zuletzt die Schuldgefühle. Jeder hat die Möglichkeit zu reden. Keiner *muss* reden, jeder darf schweigen und, wenn es ihm danach ist, auch weinen. Alle Fragen dürfen gestellt werden und die Mitbetroffenen versuchen Antworten zu geben.

Manche Eltern kommen über Monate regelmäßig, manche sporadisch. In Abständen treffen sich die verwaisten Eltern zu Gottesdiensten in der Pfarrei Leiden Christi. Schwerpunktgottesdienste sind vor Weihnachten und vor Ostern, um den Eltern und Familien den Umgang mit den Familienfesten zu erleichtern.

Die Gruppe ist keine Therapiegruppe, sondern Hilfe zur Selbsthilfe. Wenn eine Mutter, deren Tochter sich vor zehn Jahren das Leben nahm, derjenigen, die ihr Kind erst vor Monaten verlor, sagt: »Das war bei mir auch so«, dann ist das hilfreicher und glaubwürdiger als alle Tröstungen Nichtbetroffener. Oft hilft schon das Zusammen- und Füreinander-Dasein.

Klaus Günter Stahlschmidt

Die Gruppe »Leere Wiege, Rückbildung«

Am 22. November 1969 wurde unsere zweite Tochter Annette geboren, von ihrer 5-jährigen Schwester sehnlichst erwartet. Es war eine leichte Geburt. Die Hebamme sagte: »Wenn das der Professor sehen könnte, dass eine Geburt ohne Dolantin so leicht sein kann!«

Annette war unruhig und schrie sehr viel, darum suchte ich mit ihr im Alter von sechs Wochen eine Kinderärztin auf. »Schreikinder sind Gedeihkinder«, sagte sie. Beglückt, dass ich meine Tochter stillte, holte sie gleich einen jungen Arzt im Praktikum herbei, um ihm zu zeigen, wie der Stuhl von Stillkindern aussah: eine Rarität!

Am Sonntagmorgen, dem 11. Januar 1970 lag Annette, sieben Wochen alt, tot in ihrem Bettchen.

Die Welt veränderte sich mit ihrem Tod. Wenn die Sonne schien, wurde mein Unglück noch deutlicher. Farben entsprachen Seelenzuständen. Grau war die schlimmste, die Farbe des Todes; die hatte sie auf ihrer Schlafunterlage hinterlassen.

Wie in einen Kokon war ich in der Trauer eingeschlossen. Ich sah niemanden mehr – nicht meinen Mann, viel zu wenig die große Tochter. Ich flüchtete aus der Wohnung, suchte Freunde auf, denen auch ein Kind gestorben war. Das tat gut, obwohl wir überhaupt nicht über Annettes Tod sprachen, sondern nur, wie in Trance, miteinander Tee tranken. Dabei hatte ich Fragen über Fragen. Warum war das geschehen, warum war Annette gestorben? Wo war sie? Gab es außer dem Körper, der nun in der Erde lag, noch eine Seele? Was sollte ich mir darunter vorstellen? Und wenn es sie gab: Hatte sie sich aufgemacht zu den anderen Seelen, den anderen Toten unserer Familie? Auf der Suche nach ihr gingen mir immer wieder dieselben Fragen durch den Kopf. Ich merkte, dass ich auch »draußen« keine Ruhe fand. Das Thema Tod hatte mich gepackt, ich musste mich damit auseinandersetzen.

Schlimm war, dass die Liebe für Annette noch im Milchstrom floss, schlimm waren die Glückwünsche zur Geburt, die immer noch eintrafen ... Geburtsvorbereitungskurse leitete ich schon seit Jahren, doch nun, nach Annettes Tod, konnte ich erstmals ohne zu flüchten einer Frau zuhören, deren Kind im Mutterleib gestorben war.

In den folgenden Jahren kam ich durch viele Fortbildungen und Vorträge (u. a. Jorgos Canacakis, Verena Kast, Sister Jane Marie Lamb, Hannah Lothrop, Prof. Ilse Middendorf, Dr. Eva Schindele, Ute Schiran, Dr. Gisela Schmeer, Dr. Eva Reich, Katja Wyder) und in Gesprächen mit anderen Frauen, deren Babys gestorben waren, meiner Trauer, meiner Verletzung näher – aber auch meiner Dankbarkeit, zu leben.

Ab 1988 boten wir in der »Beratungsstelle für Natürliche Geburt und Elternsein« eine geleitete Selbsthilfegruppe für Eltern an, die von Tod, Trennung und Abschied im Leben betroffen waren. Die Frauen und Männer, die zu uns kamen, trauerten wegen einer Fehlgeburt, einer Freundin, die sich selbst getötet hatte, eines Partners, der in den Bergen abgestürzt war, eines tot geborenen Kindes ... Wir bereiteten uns zu zweit auf die Gruppe vor, z. B. mit Ritualen oder Märchen, und erlebten Nähe und Intensität.

Etwa 1991 begegnete mir Christl Ziegler, die bei den »Verwaisten Eltern« in München eine geleitete Selbsthilfegruppe nach dem Frühtod von Kindern initiiert hatte. Auslöserin war ihre kleine Viktoria, die als Frühchen trotz allen Hoffens nicht überlebt hatte. Wir trafen uns einige Male zum Austausch und hatten schnell das Bedürfnis, zu kooperieren und nicht in zwei unterschiedlichen Institutionen Gruppen zum Frühtod von Babys anzubieten. Von da an traf sich unsere Gruppe einmal monatlich bei den »Verwaisten Eltern« in der Schrenkstraße.

Es kamen Frauen und Männer, die erschrocken, aber auch erleichtert waren, andere mit ähnlichen Schicksalen zu treffen. Häufig kamen sie über viele Monate hinweg regelmäßig in die Gruppe. Ich sehe die junge Frau noch vor mir, die vom Arzt in eine Spezialklinik eingewiesen und dort durch Kaiserschnitt von einer behinderten Tochter entbunden wurde. Beinahe wäre sie selber gestorben. Die Liebe zur Tochter war groß, aber die Tochter starb. Diese Frau kam mit ihrem Partner von weither und war zutiefst verunsichert, ob sie je ein gesundes Kind würde zur Welt bringen können. Sie wurde wieder schwanger, telefonierte häufig mit mir und konnte mir dann voll Freude von der Geburt einer gesunden Tochter berichten.

Wie oft wurden wir in der Gruppe still, wie oft flossen Tränen! Spät war es meist geworden, wenn wir die Schrenkstraße verließen und miteinander noch etwas essen oder trinken gingen. Dann veränderten sich die Themen, über die gesprochen wurde, und wir stellten verwundert fest, dass nach all dem Schmerzhaften jetzt auch schon einmal gelacht werden konnte. Wir miteinander – da war einiges möglich! Viele Freundschaften entstanden, denn aus der Not, aus dem gemeinsamen Schmerz um die toten Kinder heraus hatten wir uns sehr persönlich gezeigt und waren einander nahe gekommen.

Parallel zur offenen Gruppe begann ich bereits 1991 mit der Gruppe, die sich *Leere Wiege, Rückbildung* nennt. Mein Ziel ist, Frauen, deren Kinder um die Geburt herum gestorben sind – sei es durch Früh- oder Totgeburt, durch eine eingeleitete Geburt nach einem »positiven« Befund bei der Pränataldiagnostik, sei es im Säuglingsalter – eine Alternative zur üblichen Rückbildungsgymnastik anzubieten. Weil der eigene Körper wie im Schock verharrt, rege ich die Aufmerksamkeit durch Körperwahrnehmung an. Ich habe selber nach Annettes Tod erfahren, dass Bewegung – ebenso wie alles andere kreative Tun – hilft,

wieder Vertrauen und damit Kräfte zu entwickeln. Nach einer traumatisch erlebten Geburt geht es auch und gerade um den Kontakt zur Realität, zum eigenen Körper. Der ist so verletzt, funktioniert wie in Trance. Im Vordergrund steht der Tod des Kindes, der Verlust der Hoffnung auf eine Zukunft. Vertrauen in die eigene Körperlichkeit ist wesentlich, damit das Leben wieder gelingt. Bewegungen, Berührungen geben Rückmeldung über die eigene Sehnsucht bis hin zur eigenen Verhärtung, dem Schutz, den die Anspannung kurzzeitig bieten kann. Es braucht Zeit für das eigene Aufrichten, für das Finden der Basis, die dem Alltag standhält. Dabei ist es hilfreich, wenn auch Gesprächsgruppen besucht werden. Die Erfahrungen immer und immer wieder auszusprechen, einander auch mitzuteilen, was im Alltag erlebt wird, bringt die Teilnehmerinnen der eigenen Heilung näher. Viele Frauen quält ja auch die Frage: Bin ich überhaupt normal, wenn ich so reagiere ...?
Nach Christl Zieglers schrecklichem Unfalltod, bei dem sie u. a. die kleine Isabella hinterließ, die sie sich so gewünscht hatte, waren wir alle erst einmal im Schock. Ich sehe sie noch schwanger in der Klinik, in der sie sich schonen musste, um Isabellas Leben nicht zu gefährden; sehe sie noch vor mir in ihrem festlichen Kleid auf der großen Tagung in Unterhaching: schlank, ernst und blass, doch allen zugewandt. Wie immer hatte sie sehr viel gearbeitet. Dann verabschiedete sie sich und fuhr los, fuhr in ihren Tod. »Ein Tod zur Unzeit«, hatte das Thema der Tagung gelautet.
Doch in der Beratungsstelle nahm die Arbeit zu, musste weitergehen. Besonders das Thema Pränataldiagnostik brachte für Schwangere und ihre Partner Fragen, Entscheidungen – und manches Mal auch das Todesurteil für ihr Kind durch eine vorzeitig eingeleitete Geburt. Nicht wenige Eltern sind überfordert, wenn sie mit der prognostizierten Zukunft – Tod oder Behinderung ihres Kindes – konfrontiert werden. Die Medizin stellt uns vor die Wahl: Wir können, nein, wir *müssen* entscheiden! Wie würden wir selber entscheiden? Welche Veränderungen bringt diese »Entscheidungspflicht« für unsere Gesellschaft? Dürfen wir oder unsere Familienmitglieder Makel haben, oder müssen wir Wunschkinder nach Maß erzeugen? Welches Mitgefühl bringen wir Behinderten entgegen? Denn Behinderte wird es auch

durch Krankheiten, Verkehrsunfälle, das Risiko zu leben immer wieder geben.

Ich freue mich, dass du, Christine, mich gebeten hast, von meiner Erfahrung mit dem Frühtod zu schreiben. Meiner Tochter Annette danke ich für ihr großartiges Vermächtnis, das sie mir in so kurzer Lebenszeit hinterlassen hat. Die Gruppe *Leere Wiege – Rückbildung* würde es ohne sie wohl nicht geben.

Edeltraut Edlinger

Verwaltungsarbeit im Büro der Verwaisten Eltern München e. V.

Als mir vor nunmehr sechs Jahren eine gute Freundin und selbst vom Tode eines Kindes betroffene Mutter vorschlug, bei den »Verwaisten Eltern« im Büro zu arbeiten, war ich sofort interessiert und fühlte, dass das eine Aufgabe war, der ich mich stellen wollte. Durch das Zusammensein mit meiner Freundin, deren fünfjähriger Sohn vor 13 Jahren vor unserer gemeinsamen Haustür von einem Auto tödlich überfahren wurde, hatte ich Einblick in den tiefsten und größten Schmerz, mit dem Menschen konfrontiert werden.

Groß war deshalb meine Freude, als aus dem Kreis etlicher Bewerberinnen die Wahl auf mich fiel. Vielleicht gab die ehrenamtliche Arbeit, die ich fünf Jahre beim Telefonnotruf geleistet hatte, den Ausschlag für die Entscheidung. Die vielseitigen Aufgaben, die mich erwarteten, waren eine Herausforderung, die Telefonate mit frisch betroffenen Eltern sehr ergreifend und oft schmerzlich. Ich hatte immer wieder gegen das große Gefühl der Hilflosigkeit anzukämpfen, hatte den Wunsch, etwas wirklich Tröstliches zu sagen, und wusste doch, dass es nur galt, den Schmerz mit den Betroffenen auszuhalten und für sie da zu sein.

Eine sehr einschneidende, erschütternde Erfahrung war nur ein Jahr später der plötzliche Unfalltod von Christl Ziegler. Der Verein war von einem Tag auf den anderen »verwaist«, ohne Führung. Keiner hatte eine Vorstellung davon, wie es weitergehen sollte. Wochen-, ja monatelang schwammen wir durch die vielen zu erledigenden Aufgaben. Von irgendwoher nahmen wir die Kraft, diese Durststrecke heil zu überstehen.

Im Oktober 1998 starb mein jüngster Bruder am plötzlichen Herztod. Dieses unerwartete und schockierende Ereignis hat mich noch einmal an einer ganz anderen Seite sensibel gemacht für die große Not, sich von einem geliebten Menschen unwiederbringlich verabschieden zu müssen. Seitdem merke ich besonders, wie wichtig mir der persönliche Kontakt mit den Trauernden in der Offenen Gruppe geworden ist, die ich zusammen mit den ehrenamtlichen Mitarbeiterinnen begleiten darf.

Seit drei Jahren besuche ich berufsbegleitend eine Wochenendausbildung in der Heil-Akademie, um mich auf dem Gebiet der körperorientierten Psychotherapie weiterzubilden. Die Ausbildung dauert noch bis März 2001.

Ich habe in diesen sechs Jahren miterlebt, dass der Verein sehr gewachsen ist, ein sicheres Fundament bekommen hat und seit dem Umzug am 1. September 1998 auch vielseitiger geworden ist. Es gab und gibt immer viel zu tun in der Geschäftsstelle. Aber wenn es eng wird, genügt ein Anruf bei unseren treuen ehrenamtlichen Mitarbeiter(inne)n, und gemeinsam konnten wir bis jetzt jede Arbeit termingerecht bewältigen. An dieser Stelle möchte ich allen, die mich unterstützt haben und weiterhin unterstützen, mein herzliches »Vergelt's Gott« sagen.

Lisa Schreyer

Sterben, Tod und Trauer – Lebensthemen

Mit dem Thema »Sterben, Tod und Trauer« hatte ich im eigenen Leben schon sehr oft und sehr intensiv zu tun. Im Medizinstudium erlebte ich in der Anatomie den Tod als etwas Greifbares, Angreifbares, während mir im Krankenhaus oft die Ohnmacht und Hilflosigkeit der Ärzte angesichts des Todes vor Augen stand – und auch ihre

Hilflosigkeit den Angehörigen gegenüber. Später, als ich nach dem Theologiestudium unterrichtete, war ich mehrmals mit dem Tod von Schüler(inne)n konfrontiert, die durch Krankheit, Unfall oder Suizid ums Leben gekommen waren. Hier lernte ich, wie wichtig es ist, schon mit Kindern und Jugendlichen über das Tabuthema »Sterben, Tod und Trauer« zu reden. Die Bereitschaft junger Menschen, sich mit diesem Thema auseinanderzusetzen, ist groß – die Unsicherheit und Verdrängung vieler Kolleg(inn)en leider auch.

Meine eigene, bis dahin prägendste Verlusterfahrung war der Tod meines Verlobten Georg, der zehn Wochen vor unserer geplanten Hochzeit starb. Damals, vor 18 Jahren, hatte ich das Gefühl, die Welt bricht zusammen. Ich glaubte, nie wieder glücklich sein, nie wieder einen Menschen lieben zu können, ja nicht mehr leben zu können. Mein Leben war sinnlos, leer, nicht mehr lebenswert geworden.

Georg war aus dem Fenster gestürzt – aus acht Metern Höhe. Er war mit einer Schauspielergruppe der Innsbrucker Universität unterwegs gewesen, die den »Totentanz« von Franz Kranewitter aufführte. Einen Tag vor seinem Tod hatte Georg die Rolle des »Todes« verkörpert. Die österreichischen Tageszeitungen berichteten am nächsten Tag über den Suizid eines deutschen Studenten. Für mich war es kein Suizid; es gab und gibt nicht den geringsten Hinweis darauf. Die Umstände von Georgs Tod waren seltsam und mysteriös und sind es bis heute geblieben. Sein Tod blieb ungeklärt; keiner weiß, was damals wirklich geschehen ist. Dieses Nichtwissen um die Umstände seines Todes beschäftigt mich bis heute. Diese Ungewissheit ist etwas, was die Trauer noch erschwert, was mich bis heute belastet. Auch trauernde Eltern erleben es als zusätzliche Belastung, nicht zu wissen, wie ihr Kind gestorben ist.

In meiner Trauerzeit machte ich all jene Erfahrungen, von denen Trauernde immer wieder berichten. Ich musste schlaue Aussprüche anhören, die zwar gut gemeint sein konnten, aber trotzdem sehr verletzten. Meine Trauer wurde ignoriert oder es wurde versucht, mir ihre Dauer vorzuschreiben. Menschen wechselten auf die andere Straßenseite, verstummten, wenn ich in ihre Nähe kam. Bei vielen herrschte auch großes Unverständnis darüber, dass ich mich als Witwe fühlte, obwohl wir doch erst in zehn Wochen geheiratet hätten ...

Als es mir wieder etwas besser ging, reifte in mir der Wunsch, mit Trauernden zu arbeiten, Trauernde zu begleiten, ein wenig dabei mitzuhelfen, einige kleine Steine von ihrem Trauerweg zu entfernen. Die Gelegenheit bot sich damals noch nicht. Zunächst hatte das Schicksal weitere gravierende Erlebnisse für mich vorgesehen.

Ich machte die Erfahrung, dass ich wieder lieben konnte, heiratete fünf Jahre nach Georgs Tod, bekam unsere erste Tochter. Leider verlor ich in dieser Schwangerschaft den Zwilling von Anna Katharina. Damals überwog die Freude und das Glück über unser erstes Kind, sodass für Trauer kaum Platz war. Unsere zweite Tochter Maria Magdalena wurde zwei Jahre später geboren. Wir waren sehr glücklich. Nachdem wir uns immer vier Kinder gewünscht hatten, wurde ich noch einmal schwanger. Wir verloren unser Baby in der zehnten Schwangerschaftswoche. Zusammen mit diesem Verlust trauerte ich erst jetzt auch um den verlorenen Zwilling von damals.

Unsere Trauer stieß auf viel Unverständnis. Viele konnten gar nicht verstehen, warum wir trauerten. Wir hörten all jene Sätze, von denen trauernde Eltern in der Frühtodgruppe auch immer wieder erzählen: »Wer weiß, wofür es gut war! Ihr hattet doch noch keine Beziehung zu diesem Baby! Seid froh, dass es nicht später gestorben ist! Es war ja noch gar kein Mensch! Ihr habt ja schon Kinder …« Damals erkannte ich wieder ganz deutlich, wie wichtig es wäre, über diese Themenbereiche in der Öffentlichkeit sprechen zu können, sie in unserer Gesellschaft zu enttabuisieren.

Kurz nachdem ich durch den Suizid des jüngsten Bruders meines Mannes noch einmal ganz stark und direkt mit dem Tod konfrontiert worden war, erfuhr ich, dass die »Verwaisten Eltern München« eine theologische Mitarbeiterin suchten. Ich bewarb mich um diese Stelle, und zu meiner großen Freude bekam ich sie auch. Jetzt konnte ich endlich die Arbeit tun, die mir schon lange vorschwebte. Seit mehr als vier Jahren arbeite ich inzwischen als fachliche Leitung im Verein.

Die Gespräche mit den trauernden Eltern und Geschwistern, einzeln und in den Gruppen, waren und sind oft sehr schmerzhaft, berührend und ergreifend für mich. Es ist nicht immer leicht, sich abzugrenzen, den fremden Schmerz nicht zum eigenen werden zu lassen. Aber ich denke, nur so ist es möglich, trauernde Eltern und Geschwister zu begleiten. Anfangs spürte ich oft große Hilflosigkeit und Ohnmacht, da ich glaubte, in der Begleitung etwas Besonderes tun zu müssen. Mit der Zeit lernte ich aber, dass ich gar nichts *tun* muss, sondern dass es genügt, da zu sein, zuzuhören und mit den Eltern und Geschwistern den Schmerz, die Trauer, die Verzweiflung auszuhalten. Ihren einzigen wirklichen Wunsch – das verstorbene Kind wiederzubekommen – kann ihnen ja niemand erfüllen.

Ich durfte in den vergangenen vier Jahren an vielen Schicksalen teilhaben, was etwas sehr Schönes und auch Bereicherndes für mich ist. Viele Menschen meinen, es sei nur Belastung: »Ihr müsst eine furchtbar traurige Familie sein! Der Vater Klinikseelsorger, die Mutter arbeitet mit verwaisten Eltern – die armen Kinder!« Wir sind aber keine traurige Familie – ganz im Gegenteil. Die ständige Konfrontation mit fremdem Leid macht uns überaus dankbar für das eigene Glück, verändert auch die Wertvorstellungen in unserem Leben. Vieles, was uns früher geärgert oder aufgeregt hätte, ist jetzt kein Thema mehr. Es ist uns wichtig geworden, einander zu sagen, wie lieb wir uns haben. Es ist uns wichtig geworden, uns immer wieder »richtig« voneinander zu verabschieden – in dem Bewusstsein, dass jeder Abschied der letzte sein kann. Wie oft habe ich von verwaisten Eltern oder trauernden Geschwistern gehört: »Hätte ich ihr/ihm doch öfter gesagt, wie sehr ich sie/ihn mag! Hätten wir uns doch besser voneinander verabschiedet!«

Durch die Arbeit mit Trauernden habe ich gelernt, vieles nicht als selbstverständlich zu erachten und die Zeit mit meinem Mann und meinen Töchtern als besonderes Geschenk zu sehen. Ich habe gelernt, wichtige Dinge nicht auf morgen zu verschieben, da es vielleicht kein Morgen geben wird.

Die Begleitung trauernder Eltern und Geschwister hat mich manches Mal in Situationen gebracht, wo ich nichts anderes mehr denken konnte als: Warum nur? Mir wurde und wird immer wieder bewusst, dass Sterben, Tod und Trauer zu unserem Leben gehören. Wir können Trauernde nur dann begleiten, wenn wir uns ganz persönlich mit diesem Thema auseinandersetzen und den Tod als Teil des Lebens sehen.

Christine Fleck-Bohaumilitzky

Nachwort und Dank

Die Idee zu diesem Buch entstand während der Vorbereitungen für die Feier anlässlich des 10-jährigen Bestehens des Vereins Verwaiste Eltern München e. V. Das Schreiben persönlicher Erfahrungsberichte sollte zum einen trauernden Eltern und Geschwistern die Möglichkeit geben, sich mit ihrer Trauer auf diese Art und Weise auseinanderzusetzen. Zum anderen erinnert und würdigt dieses Buch die verstorbenen Kinder selbst.

Die Autorinnen und Autoren sind verwaiste Mütter und Väter, trauernde Geschwister, Menschen, die diese Trauernden begleiten und solche, die sich mit ihren Anliegen im Bereich der Medien auseinandersetzen. Ihnen allen sei herzlich gedankt: für ihre Bereitschaft, an diesem Buch mitzuarbeiten, für die Offenheit, mit der sie über ihr Schicksal geschrieben haben, für die vielen persönlichen, oft sehr berührenden Gespräche im Vorfeld – und dafür, dass sie uns als Leser und Leserinnen an ihrem Schicksal, ihrem Leid teilhaben lassen.

Ein ganz herzliches Dankeschön gebührt dem Vorstand des Vereins Verwaiste Eltern München e. V. unter dem Vorsitz von Pfarrer Klaus Günter Stahlschmidt, der das Buchprojekt unterstützt hat.

Danken möchte ich den Mitarbeiterinnen und Mitarbeitern des Don Bosco Verlages, mit deren Engagement und sachkundiger Unterstützung die Texte zu einem Buch geworden sind, und der Lektorin Anne Voorhoeve für das behutsame und einfühlsame Lektorieren dieser schweren Texte.

Dank sagen möchte ich meinem Mann Christian für die vielen konstruktiven Gespräche und die Unterstützung bei der Zusammenstellung der Manuskripte. Dank auch meinen beiden Töchtern Anna Katharina und Maria Magdalena für die viele Geduld, die sie aufbrachten, wenn ich immer wieder »nur kurz« zum Telefon musste, um mit den Autorinnen und Autoren über das Buch zu sprechen.

Allen anderen, die am Gelingen dieses Buches beteiligt waren und nicht einzeln genannt werden können, ein herzliches Dankeschön.

Mag. Christine Fleck-Bohaumilitzky
im August 2000

Hilfreiche Adressen

VERWAISTE ELTERN

Verwaiste Eltern München e. V.
St.-Wolfgangs-Platz 9
81669 München
Telefon: 089/4808899-0
Fax: 089/4808899-33
E-Mail: verwaisteeltern@t-online.de

Verwaiste Eltern Hamburg e. V.
Esplanade 15, 20354 Hamburg
Telefon: 040/355056-43 oder -44
E-Mail: Info@verwaiste-eltern.de

Verwaiste Eltern Steinhagen e. V.
Postfach 1262, 33972 Steinhagen
Telefon: 05204/7910
Fax: 05204/6066
E-Mail: VerwaisteEltern@gmx.de

Verwaiste Eltern in
Mecklenburg-Vorpommern e. V.
Rathenauweg 3, 19395 Quetzin
Telefon: 038735/41311
E-Mail: Sanne.plau@t-online.de

Verwaiste Eltern Bremen e. V.
Brandenweg 1, 28357 Bremen
Telefon: 0421/2070465
Fax: 0421/2070592

Außerdem bestehen in Deutschland inzwischen fast 300 Gruppen im Netzwerk »Verwaiste Eltern«. Alle Informationen – auch über die verschiedenen Gruppen in den Regionen und teilweise im Ausland – können über den Bundesverein Verwaiste Eltern in Deutschland e. V. angefragt werden:

Verwaiste Eltern in Deutschland e. V.
Bundesstelle
Fuhrenweg 3, 21391 Reppenstedt
Telefon: 04131/6803232
Fax: 04131/681140
E-Mail: Kontakt@veid.de

INITIATIVE REGENBOGEN
»Glücklose Schwangerschaft« e. V.
Kontaktkreis für Eltern, die ein Kind vor, während oder kurz nach der Geburt verloren haben.
Hauptgeschäftsstelle:
In der Schweiz 9
72636 Frickenhausen
Telefon: 05565/1364

GEPS Deutschland e. V.
Gesellschaft zur Erforschung des Plötzlichen Säuglingstodes
Geschäftsstelle:
Rheinstraße 26, 30519 Hannover
Telefon und Fax: 0511/8386202

AGUS e. V. (Angehörige um Suizid)
Wichernstraße 1, 95447 Bayreuth
Telefon: 0921/66110
Es gibt bereits AGUS-Regionalgruppen in Ansbach, Berlin, Bremen, Duisburg, Frankfurt a. M., Hamburg, Köln, Landshut, München, Nürnberg.

Die Arche
Selbstmordverhütung und
Hilfe in Lebenskrisen e. V.
Viktoriastraße 9, 80803 München
Telefon: 089/334041
Fax: 089/395354

NEUhland
Beratungsstelle für suizidgefährdete
Jugendliche und deren Eltern
Nikolsburger Platz 6, 10717 Berlin
Telefon: 030/8730111

Telefonseelsorge
Bundesweit Tag und Nacht
erreichbar.
Telefon: 0800/1110111 (evang.)
0800/1110222 (kath.)

Literaturempfehlungen/Medien

GOLDMANN-POSCH, Ursula, Wenn Mütter trauern, Knaur, München 1996

GRÜN, Anselm, Bis wir uns im Himmel wiedersehen, Kreuz, Stuttgart 1997

HERRMANN, Uwe, Kinder sterben anders, GTB, Gütersloh 1999

JANSSEN, Martin, Lasst mich weinen. Ein Vater trauert um seine Tochter, Vandenhoeck & Ruprecht, Göttingen/Zürich 1998.

JÜLICHER, Jochen, Es wird alles wieder gut, aber nie mehr wie vorher. Begleitung in der Trauer, Echter, Würzburg 1999

KAST, Verena, Sich einlassen und loslassen. Neue Lebensmöglichkeiten bei Trauer und Trennung, Herder, Freiburg ^{9}2000

LUKAS, Elisabeth, In der Trauer lebt die Liebe weiter, Kösel, München 1999

MÜLLER, Monika, SCHNEGG, Matthias, Unwiederbringlich – vom Sinn der Trauer, Herder, Freiburg 1999

PAUL, Chris, Wie kann ich mit meiner Trauer leben? Gütersloher Verlagshaus, Gütersloh 2000

RAUPP, Wolfgang, Und trockne deine Tränen … Trost und Hilfe auf dem Weg der Trauer, Quell/Gütersloher Verlagshaus, Gütersloh 2000

ROECKNER, Margret, Briefe an Sigrid. Ein Wegbegleiter für trauernde Eltern, Claudius, München 1999

ROTHMANN, Juliet Cassuto, Wenn ein Kind gestorben ist, Herder, Freiburg 1998

SCHNECK, Ernst, Verkauft mir das Leiden nicht als Gottes Willen. Ein Vater verliert seinen Sohn, Echter, Würzburg 1998

SPENDEL, Stefanie Aurelia, Durchkreuzte Hoffnungen. Ein Kreuzweg für Eltern, die um ihre Kinder trauern, Bernward bei Don Bosco, München 2000

VOSS-EISER, Mechtild, Noch einmal sprechen von der Wärme des Lebens. Texte aus der Erfahrung von Trauernden, Herder, Freiburg 1997

ZIEGLER, Christl, Sonnenfinsternis. Trauer über den Tod eines Kindes (Hausarbeit z. Erwerb des Grades eines Magister Artium a. d. Ludwig-Maximilians-Universität München, Fakultät für Psychologie und Pädagogik, 1993, Nachdruck München 2000). *(kann über die Geschäftsstelle der Verwaisten Eltern München e. V. bezogen werden)*

Frühtod

LOTHROP, Hannah, Gute Hoffnung – jähes Ende, Kösel, München [7]1998

FRITSCH, Julie, SHEROKEE, Ilse, Unendlich ist der Schmerz. Eltern trauern um ihr Kind, Kösel, München 1995

KÜNZER-RIEBEL, Barbara, LUTZ, Gottfried, (Hg.) Nur ein Hauch von Leben, Ernst Kaufmann, Lahr 1995

Suizid

PAUL, Chris, Warum hat du uns das angetan? Gütersloher Verlagshaus, Gütersloh 1998

BRONISCH, Thomas, Der Suizid. Ursachen, Warnsignale, Prävention, Beck, München 1992

OTZELBERGER, Manfred, Suizid. Das Trauma der Hinterbliebenen, Erfahrungen und Auswege, Ch. Links, Berlin 1999

Trauernde Kinder

HOLZSCHUH, Wolfgang (Hrsg.), Geschwistertrauer. Erfahrungen und Hilfen aus verschiedenen Praxisfeldern, Pustet, Regensburg 2000

KROEN, William C., Da sein, wenn Kinder trauern, Herder, Freiburg i. Br. 1989

LEIST, Marielene, Kinder begegnen dem Tod, Gütersloher Verlagshaus, Gütersloh 1993

STUDENT, Johann Christoph, Im Himmel welken keine Blumen, Herder, Freiburg [2]1993

Bücher für trauernde Kinder und Jugendliche

BECKER, Antoniette, Ich will etwas vom Tod wissen, Ravensburg 1980

FRIED, Amelie, GLEICH, Jackie, Hat Opa einen Anzug an? Karl Hanser, München/Wien 1997

GODFREY, Jan, Opas Kirschbaum, Oncken, Wuppertal/Kassel 1996

HAGEN, Hans, GEELEN, Harrie, Still, ich denke an das Huhn. Middelhauve, München 1996

LINDGREN, Astrid, Allerliebste Schwester (in: Astrid Lindgren, Märchen), Oetinger, Hamburg 1997

LINDGREN, Astrid, Der Drache mit den roten Augen, Oetinger, Hamburg 1986

LINDGREN, Astrid, Die Brüder Löwenherz, Oetinger, Hamburg 1995

LINDGREN, Astrid, Klingt, meine Linde, Oetinger, Hamburg 1986

POHL, Peter, GIETH, Kinna, Du fehlst mir, du fehlst mir, Karl Hanser, München/Wien 1994

SCHINS, Marie-Thésèse, Es geschah an einem Sonntag, Rowohlt, Reinbek b.
Hamburg 1997
SCHUYESMANS, Willy, Adieu, Benjamin, arsEdition, München 1997
STARK, Ulf, HÖGLUND, Anna, Meine Schwester ist ein Engel, Carlsen, Hamburg
1997

Medien

SchattenRISSE
**Trauerdokumentation von Yola L. Grimm zusammen mit einer Ge-
schwisterselbsthilfegruppe**
Dokumentarfilm, 25 Minuten, Originalfassung, Farbe, PAL, Stereo, Beta SP,
FSK für Menschen ab 6 Jahren
Filmmusik: »Never Been There« von Rudi Zapf, Wolfgang Neumann und Uli
Bassenge.
Jugendliche einer Selbsthilfegruppe, die eine Schwester oder einen Bruder
verloren haben, stellen sich dem Thema »Sterben«.
Sie finden den Mut zu reflektieren und berichten von ihrer Trauerverarbei-
tung und Auseinandersetzung mit Verlust und Tod:
Die *Schatten*: »Ich habe mich stundenlang in mein Zimmer eingesperrt und
Musik gehört, langsame und traurige Musik, um nachdenken zu können.«
Und die *RISSE:* »Ich empfinde Neid, wenn ich so genannten heilen Familien
begegne, denn da ist eine Lücke entstanden, die niemand mehr auffüllen
kann.«

Bittere Tränen
**Film über Kinder- und Jugendsuizid, Ursachen, Warnsignale und Fol-
gen von Yola L. Grimm mit Musik von Notwist**
Dokumentarfilm, 65 Minuten, PAL, Farbe, Stereo, DigiBeta, FSK für Menschen ab 12 Jahren, München 1998/1999
Ohne Voyeurismus und Kommentar erzählt der Dokumentarfilm *Bittere Tränen* die Lebensgeschichten von Stefan, Alex und Marcel:
Stefan will sich mit 12 Jahren das Leben nehmen. Er kann nicht mehr und ist
am Ende seiner Kraft, er entkommt dem Tod nur knapp und liegt daraufhin
drei Tage im Koma. Auch nach diesem Suizidversuch ist er traurig und lebens-
müde. Stück für Stück gelingt es seiner Mutter und seinen Betreuer(inne)n,
ihn aus seiner seelischen Krise herauszuziehen.
Alexandra hat mit 14 Jahren einen Selbsttötungsversuch verübt. Dahinter ver-
birgt sich eine lange Leidensgeschichte: Vom eigenen Vater geschlagen, die

Mutter selbst suizidgefährdet, wurde sie krank und depressiv. Als sich auch ihre Schulnoten verschlechterten, griff sie zu einer Überdosis Tabletten. Scheinbar aus heiterem Himmel nimmt sich Marcel mit knapp 19 Jahren das Leben. Marcel wollte in seinem Leben nicht versagen – sein eigener Suizid sollte »todsicher sein«. Zurück bleiben seine Eltern und Freunde. Sie schildern seinen »Freitod« aus ihrer Perspektive und die schweren Folgen für ihr Leben.

Bittere Tränen zeigt am Beispiel der Lebenslinien von Stefan, Alexandra und Marcel, dass immer schwer wiegende Lebensumstände, aus denen der junge Mensch keinen Ausweg mehr findet, Ursachen für eine Selbsttötung/einen Selbsttötungsversuch sind.

Bittere Tränen versteht sich als stellvertretender Hilfeschrei für alle suizidgefährdeten Menschen. Der Dokumentarfilm ist genauso atem- und schonungslos gestaltet wie das Thema selbst, denn es geht um Leben und Tod. Mit *Bittere Tränen* möchte ich ohne Schuldzuweisungen aufzeigen, wie wichtig das Leben eines jeden Menschen für sein Umfeld ist, welche bitteren Folgen und grausamen Narben der Suizid bei Freund(inn)en, Eltern und Angehörigen hinterlässt. Zugleich möchte ich das Tabu zusammen mit den Zuschauer(inne)n zum Thema machen und die Menschen über den Film miteinander ins Gespräch bringen. Mit diesem Bewusstwerdungsprozess können Warnsignale vom sozialen Umfeld früher erkannt werden. *Bittere Tränen* wird derzeit bundesweit erfolgreich in der Suizidaufklärung und -prävention eingesetzt.

Yola L. Grimm

Die Filme *Bittere Tränen* und *SchattenRISSE* (VHS) können bei den örtlichen Bildstellen und einigen Stadtbibliotheken kostenlos ausgeliehen oder bei der MediaEdition gekauft werden:

Yola L. Grimm
MediaEdition
Domagkstr. 33, Haus 39
D-80807 München
Fon (+49) 089-324 22 324
Fax (+49) 089-324 22 323
www.mediaedition.de